LUKA TOUATI

ALGERIEN

• KOCHBUCH •

Email: info@edition-lunerion.de
www.edition-lunerion.de

Psiana eCom UG
Berumer Str. 44
26844 Jemgum

Vorwort

Kreuzkümmel, Koriander, Safran, Lamm: Die typischen Zutaten algerischer Schlemmereien lassen bereits erahnen, dass in dem Saharaland einzigartige Geschmackserlebnisse auf Genießer warten. Und für eine kulinarische Rundreise müssen Sie nicht einmal in den Flieger steigen, denn mit diesem Kochbuch zaubern Sie sich den vollen Algerien-Genuss ganz einfach auf den Teller!

Im Gegensatz zu seinen Nachbarn Tunesien und Marokko haben die meisten Deutschen Algerien als Urlaubsland noch nicht auf dem Schirm und das gilt auch für die lokale Küche. Doch da verpassen Sie was, denn die einzigartige Tradition, Vielfalt und Würzigkeit ist unter Foodies längst kein Geheimtipp mehr, und mit diesem Buch tauchen Sie ein in die Geschmacksgeheimnisse aus 1001 Nacht. Dank verschiedenartigster Kolonialzeit-Einflüsse aus Spanien, Frankreich, der Türkei und arabischen Ländern in Kombination mit den uralten Traditionen der Berber-Ureinwohner liefert algerische Kochkunst Ihnen heute ein reiches Ensemble der Geschmäcker mit prägenden Zutaten wie Lammfleisch, frischem Fisch, reichlich Gemüse, Trockenfrüchten, Tomaten in allen Formen sowie intensiven Gewürzen wie Safran, Kreuzkümmel, Majoran, Fenchel und Koriander. Fleisch- und Fischliebhaber schöpfen hier aus dem Vollen, doch auch Veggies kommen auf ihre Kosten und Naschkatzen schwelgen dazu im üppig-süßen Dessertreichtum.

INHALT

Wissenswertes

Die algerische Küche ist recht vielfältig, denn hier treffen die unterschiedlichsten Kulturen aufeinander. Dies hängt mit den früher herrschenden Kolonialmächten zusammen. Prägend sind vor allem der mediterrane, französische, arabische und berberische Einfluss auf die Kulinarik Algeriens.

So haben die Spanier zum Beispiel diverse Eintopfgerichte hinterlassen. Das oft verwendete Tomatenpüree oder passierte Tomaten stammen von den Franzosen, während die Araber und die Türken für leckere Süßspeisen und die Vielfalt der Gewürze sorgten. Die Berber, welche die Ureinwohner Algeriens sind, ernähren sich seit jeher von Hammelfleisch, Lammfleisch, Trockenfrüchten und Gemüse.

Zudem zählt die algerische Küche auch allgemein zur nordafrikanischen Küche, die wiederum auch als Maghreb-Küche bezeichnet wird. Zu den Maghreb-Ländern gehören Algerien, Marokko, Tunesien, Libyen und Mauretanien.

Die algerische Küche ist sehr würzig. Hier werden vor allem Koriander, Kreuzkümmel, Safran, Fenchel und Majoran zum Würzen der Speisen eingesetzt. Ebenso wird viel Gemüse verarbeitet. Tomaten, Paprika, Knoblauch und Zwiebeln bilden hier die Grundlage.

Da Algerien an der Mittelmeerküste liegt, kommt natürlich auch Fisch auf den Tisch. Fleischspeisen setzen sich in der Regel aus Hammel, Lamm und Geflügel zusammen und werden gerne mit Feigen, Datteln, Oliven oder Mandeln verfeinert. Schweinefleisch gibt es in Algerien kaum bis gar nicht. Es wird sicher in speziellen Märkten angeboten, ist dann aber auch sehr teuer. Algerien wird hauptsächlich von einer muslimischen Bevölkerung bewohnt und diesen ist es verboten, Schweinefleisch zu konsumieren.

Couscous ist ein traditionelles Gericht in Algerien, wie es die Kartoffel in Deutschland ist. Aber nicht nur hier kommt es zu allen Gelegenheiten auf den Tisch, sondern in ganz Nordafrika. Ob als „Arme-Leute-Essen" als Beilage zu einem Festmahl – Couscous ist immer willkommen und das in den verschiedensten Variationen.

Die Süßspeisen in Algerien fallen recht süß und fettig aus. Hier ist der arabische und türkische Einfluss deutlich zu spüren – Kalorien lassen grüßen.

Alkoholische Getränke sind in Algerien, wie in vielen anderen muslimischen Ländern, sehr teuer. Die muslimische Religion verbietet Alkohol und so werden Sie es nur in Restaurants und in Hotels angeboten bekommen. Dabei verfügt Algerien über eigene Anbaugebiete, die einen schmackhaften Wein produzieren.

Das algerische Volk gilt als sehr gastfreundlich. Es kann durchaus passieren, dass Sie nach Hause eingeladen werden. Nehmen Sie eine solche Einladung allerdings erst dann wirklich ernst, wenn sie wiederholt und direkt ausgesprochen wird. Möglich wäre es nämlich auch, dass sie nur als eine Höflichkeitsfloskel nebenbei geäußert wird.

Ist die Einladung des Einheimischen wirklich ernst gemeint, sollten Sie sie auch annehmen. Sie erhalten die einmalige Chance, einen Einblick in das algerische Leben zu bekommen. Bringen Sie ein kleines Gastgeschenk mit, hier bieten sich Gebäck, Blumen oder Früchte an. Auf keinen Fall sollten Sie Alkohol mitbringen, denn einem Muslim ist der Genuss von Alkohol verboten.

Bevor Sie die Räumlichkeiten des Gastgebers betreten, ziehen Sie die Schuhe aus. Dies ist in Algerien so üblich. Seien Sie nicht verwundert, wenn Sie überschwänglich begrüßt werden. Auch das ist ein üblicher Brauch in diesem Land. Wird Ihnen die Hand gereicht, erwidern Sie es, aber nur mit der

Rechten, denn die Linke gilt als unrein. Dies ist auch der Grund, warum Speisen immer nur mit der rechten Hand aufgenommen werden.

Algerien ist ein nordafrikanisches Land an der Mittelmeerküste. Die Amtssprache ist Arabisch, es wird aber auch in vielen Gegenden Französisch gesprochen. Bezahlt wird mit dem Algerischen Dinar, mit Stand April 2024 entspricht 1 Euro knapp 144 Dinar. Der Name des Landes lehnt an der Hauptstadt Algier an, im Französischen heißt sie Alger.

Das Land ist mittlerweile der größte Staat in Afrika, es ist zum Beispiel dreimal größer als die Türkei. Der Norden Algeriens wird durch das Mittelmeer begrenzt, im Osten sind Tunesien und Libyen die direkten Nachbarn, während es im Süden Mali und der Niger sind. Die westlichen Grenzen bilden Marokko und die Westsahara.

Der nördliche Teil des Landes wird vom Atlasgebirge durchzogen. In der Mitte Algeriens erstreckt sich die Sahara und im Süden erhebt sich ein wüstengeprägtes Hochgebirge.

Algeriens Norden verfügt über ein mediterranes Klima. Zu Niederschlägen kommt es hier eher in den Wintermonaten. Die mittleren Temperaturen liegen im Hochsommer bei etwa 25 °C und im Januar bei etwa 12 °C. Deshalb lebt hier auch der Großteil der Bevölkerung.

Die Sahara ist von extremen Temperaturschwankungen betroffen. Diese können ohne Weiteres bis zu 20 °C und mehr betragen. Im Sommer kann es hier weit über 40 °C heiß werden, während die Temperatur im Winter auch unter den Gefrierpunkt absinken kann. Hier regnet es so gut wie gar nicht, das Niederschlagsmittel liegt bei etwa 10 Millimetern. Hin und wieder kommt es sogar in Europa und auch in Deutschland zu einem Wetterphänomen, welches den Saharasand bis hier her weht. Der sogenannte Scirocco trägt ihn bis in die nördlichen Breiten unserer Erde.

Waldgebiete gibt es in Algerien nur zu etwa 2 Prozent. Fast das ganze Land ist nahezu ohne Vegetation. Im Norden des Landes finden sich mediterrane Gewächse wie Aleppo-Kiefern, Korkeichen oder Steineichen. In höher gelegenen Gegenden wachsen auch Atlas-Zedern. In der Wüste gibt es einige Oasen, in denen Dattelpalmen und andere Pflanzen wachsen.

Die Tierwelt Algeriens besteht vor allem aus Gazellen, Mähnenschafen, Springmäusen, Berberaffen, Wüstenfüchsen, Schlangen, Echsen, Skorpionen und verschiedenen Vogelarten.

Die Ureinwohner Algeriens waren früher verschiedene Volksgruppen der Berber. Ab dem 12. Jahrhundert v. Chr. hielten die Phönizier die Herrschaft über Algerien und weite Teile Nordafrikas. Um das Jahr 202 v. Chr. herum verbündeten sich die Berber mit den Römern gegen die Phönizier und ab etwa 46 v. Chr. gelang Algerien unter römische Herrschaft. Diese hielt bis ins Jahr 534 n. Chr. an, dann wurde ganz Nordafrika eine byzantinische Provinz.

Etwa Mitte des 7. Jahrhunderts n. Chr. vollbrachten die Araber ihren Vormarsch in die Maghreb-Länder und die Bevölkerung gelang unter islamischen Einfluss.

Anfang des 16. Jahrhunderts übernahmen die Osmanen die Herrschaft und Algerien wurde Teil des Osmanischen Reiches. Dieser Zustand hielt sich bis ins 19. Jahrhundert, wobei Algerien aber schon ab 1711 unabhängig wurde.

Im Jahr 1830 begann die Invasion der Franzosen. Algerien geriet unter die französische Kolonialherrschaft und im Jahr 1881 wurde das Land zu französischem Staatsgebiet erklärt. Während der 100 Jahre andauernden Herrschaft Frankreichs verarmte die muslimische Bevölkerung zusehends. Viele Algerier dienten im Ersten Weltkrieg als Arbeitskräfte oder als Soldaten in Frankreich.

Nach vielen Auseinandersetzungen und Kriegen gelang es Algerien im Jahr 1962 endlich, die Unabhängigkeit auszurufen.

Einkaufliste

- **Harissa Gewürzpaste** (Rezept in diesem Kochbuch)
- **Orangenblütenwasser** in gut sortierten Supermärkten erhältlich
- **Smen** fermentierte und gesalzene Butter, ähnlich Ghee, auch marokkanische Butter genannt. In gut sortierten Supermärkten oder hier als Rezept zum Selbermachen erhältlich
- **Muskatblüte** wird auch Macis genannt. In gut sortierten Supermärkten erhältlich
- **Berberitzen** wird auch Sauerdorn oder Essigbeere genannt. Im Internet erhältlich
- **Sumach** orientalisches Gewürz, erhältlich in türkischen Supermärkten
- **Salzzitronen** eingelegte Zitronen, im Feinkosthandel oder in orientalischen Supermärkten erhältlich
- **Medjoul-Datteln** dies sind größere Datteln, die ein besonders dickes Fruchtfleisch haben
- **Knorr Fisch** Fischbrühwürfel, in gut sortierten Supermärkten oder im Internet erhältlich

Salate

ZAALOUK |

TOMATEN-AUBERGINEN-SALAT

4 Port. 60 Min. Leicht

Zutaten

2 Tomaten
1 Aubergine
3 Knoblauchzehen
3 EL Olivenöl
½ Bund Petersilie
5 Stängel Koriander
1 Prise Paprikapulver
1 Prise Chilipulver
1 Prise Kreuzkümmel
1 TL Salz
200 ml Wasser

Nährwerte p. P.

135 kcal
5 g Kohlenhydrate
12 g Fett
2 g Eiweiß

1 Säubern Sie die Tomaten und die Aubergine und schneiden Sie sie in Würfel von etwa 2 Zentimetern Größe. Spülen Sie die Kräuter ab und hacken Sie sie in kleine Stücke. Pellen Sie den Knoblauch und hacken Sie ihn ebenso in kleine Stücke.

2 Erhitzen Sie das Olivenöl in einer Pfanne und dünsten Sie die Auberginenwürfel darin an. Geben Sie dann den Knoblauch dazu und dünsten Sie alles für etwa 5 Minuten. Nun gießen Sie das Wasser dazu. Kochen Sie die Zutaten kurz auf und reduzieren Sie dann die Temperatur auf die niedrigste Stufe. Köcheln Sie das Gemüse für etwa 20 Minuten. Füllen Sie bei Bedarf etwas mehr Wasser hinzu, damit nichts anbrennt.

3 Nach der Garzeit vermischen Sie die Tomatenwürfel mit dem Pfanneninhalt. Köcheln Sie alles für weitere 10 Minuten. Würzen Sie mit Paprikapulver, Chilipulver, Kreuzkümmel und Salz. Am Ende der Garzeit geben Sie die gehackten Kräuter dazu und vermengen alle Zutaten miteinander.

4 Zum Servieren zerstampfen Sie das Gemüse vorsichtig mit einem Kochlöffel (Achtung: kein Mus daraus machen).

Tipp: Dieser Salat kann kalt oder warm mit Fladenbrot oder als Beilage serviert werden.

HMISS |

TOMATEN-PAPRIKA-SALAT

4 Port.

90 Min.

Leicht

Zutaten

500 g Paprika, rot
500 g Paprika, grün
2 Knoblauchzehen
1 Chilischote, grün
2 Tomaten
2 EL Olivenöl
Pfeffer nach Belieben
Salz nach Belieben

Nährwerte p. P.

132 kcal
15 g Kohlenhydrate
5 g Fett
4 g Eiweiß

1 Heizen Sie den Backofen auf 200 °C mit Grillfunktion vor. Schneiden Sie die Paprika jeweils in zwei Hälften und verteilen Sie sie mit der Chilischote und den Tomaten (Haut nach oben) auf einem Backblech. Grillen Sie das Gemüse, bis die Haut schwarz wird. Die Chilischote holen Sie gegebenenfalls früher aus dem Backofen, denn diese schwärzt sehr schnell.

2 Decken Sie das Gemüse mit einem Stück Folie ab und stellen Sie es zum Abkühlen beiseite. Anschließend entfernen Sie die Haut und die Kerne und schneiden alles in kleine Würfel.

3 Pellen Sie den Knoblauch und hacken Sie ihn in kleine Stücke. Erhitzen Sie das Olivenöl in einer Pfanne und dünsten Sie den Knoblauch darin an. Geben Sie das vorbereitete Gemüse dazu, vermischen Sie alles miteinander und köcheln Sie es für etwa 15 bis 20 Minuten bei niedriger Temperatur. Die Flüssigkeit sollte währenddessen vollständig verkochen.

4 Schmecken Sie den Salat nach Belieben mit Salz und Pfeffer ab und reichen Sie ein frisches Fladenbrot dazu.

ZVITI |

BROTSALAT

4 Port.

60 Min.

Leicht

Zutaten

400 g Grieß, Weichweizen
1 TL Salz
Wasser, lauwarm
Fett zum Braten

Soße:
2 Tomaten
1 Chilischote, grün
½ Paprika, rot
40 g Butter
4 Knoblauchzehen
½ TL Koriandersamen
½ TL Fenchelsamen
1 Bund Koriander, nur die Blätter
Salz nach Belieben

Nährwerte p. P.

460 kcal
76 g Kohlenhydrate
10 g Fett
11 g Eiweiß

1 Geben Sie den Grieß in eine Schüssel und vermischen Sie ihn mit dem Salz. Rühren Sie nun so viel lauwarmes Wasser dazu, bis Sie einen weichen, nicht mehr klebenden Teig erhalten. Formen Sie ihn zu einer Kugel und stellen Sie ihn abgedeckt für 15 Minuten beiseite. Formen Sie aus dem Grießteig einen runden Fladen. Er sollte die Größe Ihrer größten Pfanne erhalten. Gegebenenfalls teilen Sie den Teig in zwei Portionen. Stechen Sie ihn mehrmals mit einer Gabel ein.

2 Erhitzen Sie etwas Fett in einer großen Pfanne (oder in 2 Pfannen) und backen Sie das Brot (die Brote) von beiden Seiten aus. Stellen Sie sie zum Abkühlen beiseite. Heizen Sie den Backofen auf 200 °C mit Grillfunktion vor. Grillen Sie die Tomaten, die Paprika und die Chilischote, bis die Haut schwarz wird. Decken Sie das Gemüse ab und stellen Sie es für 10 Minuten zum Ruhen beiseite.

3 Anschließend entfernen Sie die Haut sowie die Kerne und schneiden alles in kleine Würfel. Die Fenchelsamen und die Koriandersamen zerstoßen Sie in einem Mörser und vermischen sie dann mit dem zerkleinerten Gemüse. Pellen Sie den Knoblauch und verarbeiten Sie ihn mit dem Gemüse zu einem feinen Brei.

4 Zerbröckeln Sie das Grießbrot und geben Sie es nach und nach in den Gemüsebrei. Zerstampfen Sie die Masse zwischendurch immer wieder. Gießen Sie etwas Wasser dazu, falls die Masse zu trocken wird. Vermischen Sie nun die Butter und etwas Salz in dem Brei. Hacken Sie die Korianderblätter in kleine Stücke und vermischen Sie sie ebenfalls in dem Brei.

COUSCOUS-SALAT

4 Port.

90 Min. + 2 Std. Kühlzeit

Leicht

Zutaten

200 g Couscous
150 g Kichererbsen aus der Konserve
300 g Tomaten
350 ml Wasser
1 Frühlingszwiebel
1 Knoblauchzehe
½ Bund Petersilie
1 TL Gemüsebrühpulver
2 EL Zitronensaft
3 EL Olivenöl
1 Prise Kreuzkümmel, gemahlen
Pfeffer nach Belieben
Salz nach Belieben

Nährwerte p. P.

340 kcal
45 g Kohlenhydrate
13 g Fett
8 g Eiweiß

1 Füllen Sie das Wasser in einen Topf und vermischen Sie das Gemüsebrühpulver darin. Kochen Sie es einmal auf und vermischen Sie es anschließend mit dem Couscous. Stellen Sie es für etwa 10 Minuten zum Quellen beiseite. Danach lockern Sie den Couscous mit einer Gabel auf.

2 Säubern Sie die Frühlingszwiebel und schneiden Sie sie in dünne Ringe. Pellen Sie den Knoblauch und hacken Sie ihn in kleine Stücke. Spülen Sie die Petersilie ab und hacken Sie sie ebenfalls in kleine Stücke. Geben Sie die Kichererbsen zum Abtropfen in ein Sieb. Die Tomaten würfeln Sie in mundgerechte Stücke.

3 Vermischen Sie das vorbereitete Gemüse mit den Kichererbsen in einer Salatschüssel. Geben Sie das Olivenöl und den Zitronensaft in ein kleines Schälchen und rühren Sie die Petersilie, den Kreuzkümmel, den Pfeffer und das Salz dazu.

4 Vermengen Sie nun den Couscous mit dem Gemüse und geben dann das Dressing hinein. Vermischen Sie alle Zutaten miteinander und stellen Sie den Salat für 2 Stunden zum Ziehen in den Kühlschrank.

Tipp: Sie können je nach Geschmack auch andere Gemüsesorten wie Paprika, Möhren, Kohlrabi, Zucchini usw. unter den Salat mischen.

TABOULEH | BULGUR-SALAT

4 Port.

30 Min.

Leicht

Zutaten

200 g Bulgur, mittelgrob
4 Frühlingszwiebeln
2 Tomaten
1 Zitrone
1 Bund Minze
2 Bund Petersilie
4 EL Olivenöl
Pfeffer nach Belieben
Salz nach Belieben
Wasser, heiß, zum Übergießen

Nährwerte p. P.

369 kcal
45 g Kohlenhydrate
16 g Fett
8 g Eiweiß

1 Geben Sie den Bulgur in eine hitzebeständige Schüssel und übergießen Sie ihn mit dem heißen Wasser, bis er gerade bedeckt ist. Decken Sie die Schüssel ab und stellen Sie sie für 15 Minuten zum Ziehen beiseite.

2 Spülen Sie die Minze und die Petersilie ab und hacken Sie beides in kleine Stücke. Säubern Sie die Tomaten und schneiden Sie sie in kleine Würfel. Säubern Sie die Frühlingszwiebeln und schneiden Sie sie in dünne Ringe. Pressen Sie die Zitrone aus.

3 Lockern Sie den Bulgur mit einer Gabel auf und vermischen Sie ihn mit dem vorbereiteten Gemüse. Verrühren Sie das Olivenöl und den Zitronensaft sowie die Kräuter mit den Zutaten. Schmecken Sie den Salat noch einmal mit Pfeffer und Salz ab.

Suppen

HÜHNERSUPPE MIT COUSCOUS

4 Port.

30 Min.

Einfach

Zutaten

200 g Hähnchenfleisch
125 g Kichererbsen (Konserve)
100 g Couscous
150 ml Salzwasser
1 Liter Hühnerbrühe
2 Möhren
3 Kartoffeln
1 Zucchini
1 Tomate
1 Zwiebel
1 TL Butter
2 TL Ras el-Hanout (Rezept in diesem Kochbuch)
¼ TL Safranpulver
¼ TL Zimt
1 EL Olivenöl
Pfeffer nach Belieben
Salz nach Belieben

Nährwerte p. P.

303 kcal
38 g Kohlenhydrate
7 g Fett
18 g Eiweiß

1 Geben Sie die Kichererbsen zum Abtropfen in ein Sieb. Pellen Sie die Zwiebel und hacken Sie sie in feine Stücke. Säubern Sie die Tomate und schneiden Sie sie in kleine Würfel. Schneiden Sie das Fleisch in mundgerechte Würfel. Gießen Sie die Brühe in einen Topf und erhitzen Sie sie bei mittlerer Temperatur.

2 Erhitzen Sie die halbe Menge des Olivenöls in einem großen Topf und braten Sie das Fleisch darin rundherum an. Vermischen Sie die Tomaten und die Zwiebeln darin und würzen Sie alles mit Zimt, Safran und Ras el-Hanout. Gießen Sie die heiße Brühe dazu, legen Sie einen Deckel auf und köcheln Sie die Zutaten bei niedriger Temperatur für etwa 25 Minuten.

3 Währenddessen schälen Sie die Kartoffeln, die Möhren und die Zucchini und schneiden alles in kleine Würfel. Nach der Kochzeit geben Sie das Gemüse und die Kichererbsen in die Suppe. Köcheln Sie sie für weitere 20 Minuten und schmecken Sie sie mit Salz und Pfeffer ab.

4 Kochen Sie das Salzwasser auf und gießen Sie es über den Couscous. Verrühren Sie die übrige Menge Olivenöl darin, decken Sie die Schüssel ab und stellen Sie sie für 5 Minuten zum Quellen beiseite. Vor dem Servieren vermischen Sie die Butter im Couscous.

5 Zum Servieren richten Sie die Suppe und den Couscous jeweils in Servierschüsseln an.

CHORBA |

SUPPE MIT FLEISCH

4 Port.

60 Min.

Einfach

Zutaten

500 g Lamm- oder Geflügelfleisch
100 g Kichererbsen aus der Konserve
1 Dose Tomaten, geschält
1 Zucchini
2 Zwiebeln
1 Kartoffel
1 EL Olivenöl
Zimt nach Belieben
Pfeffer nach Belieben
Salz nach Belieben
Suppennudeln nach Belieben

Nährwerte p. P.

316 kcal
33 g Kohlenhydrate
6 g Fett
32 g Eiweiß

1 Pellen Sie die Zwiebeln und schneiden Sie sie in feine Stücke. Schneiden Sie das Fleisch in mundgerechte Würfel. Schälen Sie die Kartoffel und schneiden Sie sie in Würfel. Schneiden Sie ebenso die geschälten Tomaten und die Zucchini in Würfel. Die Kichererbsen geben Sie zum Abtropfen in ein Sieb.

2 Erhitzen Sie das Olivenöl bei niedriger Temperatur in einem Topf und dünsten Sie die Zwiebeln glasig an. Geben Sie das Fleisch dazu und braten Sie es rundherum an. Würzen Sie die Zutaten nach Belieben mit dem Zimt, dem Pfeffer und dem Salz.

3 Nun vermischen Sie die Kartoffeln, die Zucchini und die Tomaten mit den Zutaten im Topf. Legen Sie einen Deckel auf und schmoren Sie die Speise für ein paar Minuten.

4 Anschließend vermischen Sie die Kichererbsen im Topf und geben etwas Wasser nach eigenem Belieben hinzu. Köcheln Sie die Suppe für etwa 30 Minuten. Zum Schluss rühren Sie noch ein paar Suppennudeln hinein.

TOMATENSUPPE MIT LAMM

4 Port.

120 Min.

Leicht

Zutaten

350 g Lammfleisch
500 g Tomaten
200 g Zwiebeln
125 g Aprikosen, getrocknet
3 Chilischoten, rot
1 Liter Wasser
1 Zweig Minze
3 EL Olivenöl
2 EL Koriander, frisch
½ TL Kreuzkümmel, gemahlen
1 TL Tomatenmark
Pfeffer nach Belieben
Salz nach Belieben

Nährwerte p. 100g

31 kcal
2 g Kohlenhydrate
1 g Fett
4 g Eiweiß

1 Pellen Sie die Zwiebel und schneiden Sie sie in grobe Stücke. Spülen Sie den Koriander und die Minze ab und hacken Sie ihn in kleine Stücke. Häuten Sie die Tomaten und schneiden Sie sie in große Stücke. Säubern Sie die Chilischoten und schneiden Sie sie in kleine Stücke. Die Aprikosen schneiden Sie ebenfalls in kleine Stücke.

2 Erhitzen Sie das Olivenöl in einem Topf und braten Sie darin die Zwiebeln, die Minze, die Tomaten und die Chilischoten an. Würzen Sie die Zutaten mit dem Kreuzkümmel sowie nach Belieben mit Pfeffer und Salz. Vermischen Sie das Tomatenmark mit den Zutaten. Gießen Sie das Wasser auf und legen Sie das Lammfleisch in den Topf. Geben Sie nun die Aprikosenstücke dazu und kochen Sie alles einmal auf. Legen Sie einen Deckel auf und köcheln Sie die Suppe für etwa 90 Minuten bei niedriger Temperatur.

3 Nach der Garzeit nehmen Sie das Fleisch heraus und schneiden es in mundgerechte Stücke. Geben Sie es wieder in die Suppe und köcheln Sie sie für weitere 10 Minuten.

4 Zum Servieren füllen Sie die Suppe in eine Terrine und streuen den gehackten Koriander darüber.

HARIRA |

SUPPE MIT LINSEN UND KICHERERBSEN

4 Port. 90 Min. Leicht

Zutaten

350 g Rindfleisch
200 g Kichererbsen aus der Konserve
200 g Tellerlinsen aus der Konserve
70 g Staudensellerie
100 g Möhren
1 ½ Liter Wasser
4 Tomaten
1 Zwiebel
1 Limette
1 EL Tomatenmark
1 EL Rapsöl
1 EL Ras el-Hanout (Rezept in diesem Kochbuch)
1 EL Paprikapulver, edelsüß
1 TL Koriander
1 Prise Chilipulver
Salz nach Belieben

Nährwerte p. P.

492 kcal
54 g Kohlenhydrate
12 g Fett
41 g Eiweiß

1 Sie können auch getrocknete Linsen und Kichererbsen verwenden, diese müssen Sie allerdings über Nacht in Wasser einweichen.

2 Pellen Sie die Zwiebel und schälen Sie die Möhren. Schneiden Sie beides in kleine Würfel. Säubern Sie die Staudensellerie und schneiden Sie sie ebenfalls in kleine Würfel. Gießen Sie die Linsen und die Kichererbsen zum Abtropfen in ein Sieb. Das Fleisch schneiden Sie in mundgerechte Stücke.

3 Erhitzen Sie das Öl in einem Topf und braten Sie das Fleisch rundherum an. Anschließend nehmen Sie es wieder heraus und stellen es beiseite. Braten Sie im gleichen Bratöl die Zwiebeln, die Möhren und den Sellerie an. Verrühren Sie das Tomatenmark mit den Zutaten im Topf und gießen Sie dann das Wasser dazu. Vermischen Sie nun das Fleisch, die Kichererbsen und die Linsen im Topf. Würzen Sie alles mit Paprikapulver, Ras el-Hanout, Koriander sowie Chilipulver und köcheln Sie die Suppe für etwa 1 Stunde bei niedriger Temperatur.

4 Währenddessen enthäuten Sie die Tomaten und schneiden sie in Würfel. Geben Sie sie nach etwa 45 Minuten Kochzeit in den Topf. Schneiden Sie die Limette in Viertel, Sie benötigen sie zur späteren Dekoration.

5 Nach der Garzeit schmecken Sie die Suppe mit Salz ab. Richten Sie sie auf tiefen Tellern an und garnieren Sie sie mit jeweils einem Limettenviertel.

Brote

KHOBZ EL DAR |

ALGERISCHES GRIEẞBROT

1 Brot 260 Min. Mittel

Zutaten

350 g Mehl
Mehl nach Belieben zum Untermischen
100 g Hartweizengrieß
250 ml Milch, lauwarm
1 Ei
1 Eiweiß
4 EL Rapsöl
1 EL Sesam, schwarz
1 EL Sesam, weiß
1 EL Zucker
½ Pck. Trockenhefe
1 TL Salz, gestrichen
Sesam, weiß, zum Bestreuen
Mehl zum Bestreuen
1 Eigelb zum Bestreichen

Nährwerte p. 100g

275 kcal
39 g Kohlenhydrate
9 g Fett
9 g Eiweiß

1 Geben Sie den Grieß, die Milch, das Ei, das Eiweiß, das Öl, beide Sesamsorten, den Zucker, die Hefe und das Salz in eine Schüssel und vermischen Sie alles miteinander. Stellen Sie die Schüssel für etwa 2 Stunden zum Gehen beiseite. Die Zutaten sollten dann schäumen.

2 Vermischen Sie mit einem Kochlöffel das Mehl in der schäumenden Masse. Der Teig wird sehr klebrig werden. Stellen Sie die Schüssel abermals zur Seite, diesmal für 30 Minuten.

3 Streuen Sie nun etwas Mehl auf die Oberfläche und bemehlen Sie sich die Hände. Geben Sie nun Löffel für Löffel unter Kneten etwas Mehl hinzu, bis der Teig fester wird und sich vom Rand der Schüssel löst. Er sollte sich am Ende zu einer Kugel formen lassen.

4 Legen Sie eine Springform mit einem Durchmesser von 18 Zentimetern mit Backpapier aus. Fetten Sie den Rand ein und legen Sie die Teigkugel in die Springform. Verteilen Sie den Teig und drücken Sie ihn fest. Stellen Sie die Springform für 1 Stunde zum Gehen beiseite.

5 Heizen Sie den Backofen auf 200 °C mit Umluftfunktion vor. Verquirlen Sie das Eigelb und bestreichen Sie die Oberfläche des Teiges damit. Streuen Sie dann den Sesam darüber. Backen Sie den Teig für 30 Minuten und stellen Sie ihn anschließend zum Abkühlen beiseite.

COUSCOUS-FLADENBROT

6 Port.

90 Min.

Einfach

Zutaten

400 g Mehl
200 g Couscous
3 EL Olivenöl
1 TL Olivenöl zum Braten
1 Pck. Trockenhefe
1 TL Salz
Wasser, lauwarm, je nach Konsistenz etwa 200 ml
Sesam, Kreuzkümmel oder andere Gewürze nach Belieben

Nährwerte p. P.

411 kcal
70 g Kohlenhydrate
9 g Fett
10 g Eiweiß

1 Füllen Sie eine kleine Menge des lauwarmen Wassers in eine Tasse und vermischen Sie die Trockenhefe darin, bis sie sich auflöst.

2 Geben Sie das Mehl, den Couscous und das Salz in eine Rührschüssel und vermengen Sie alles miteinander. Füllen Sie das Öl sowie das Hefewasser dazu und verarbeiten Sie die Zutaten zu einem glatten Teig. Geben Sie nach und nach immer wieder etwas lauwarmes Wasser hinzu, bis der Teig nicht mehr klebt.

3 3 Nach Belieben können Sie dem Teig auch zum Beispiel Kreuzkümmel, Sesam oder Gewürze Ihrer Wahl beifügen.

4 Decken Sie den Teig ab und stellen Sie ihn für 1 Stunde an einen warmen Ort. Anschließend kneten Sie den Teig noch einmal gründlich durch und teilen ihn in Stücke, die etwa faustgroß sind.

5 Erhitzen Sie eine kleine Menge des Olivenöls. Formen Sie aus jedem Teigstück einen flachen Fladen und backen Sie ihn von beiden Seiten in der Pfanne aus. Er soll eine goldbraune Oberfläche erhalten.

6 Zum Servieren richten Sie die einzelnen Fladenbrote in einem Brotkorb an oder Sie schneiden sie vorher in dickere Streifen.

MATLOU |

ALGERISCHES GRIEẞBROT

6 Port. 80 Min. Einfach

Zutaten

300 g Grieß
400 g Mehl
1 Prise Zucker
10 g Hefe, frisch
1 TL Salz
250 ml Wasser, lauwarm
Fett zum Braten

Nährwerte p. P.

400 kcal
83 g Kohlenhydrate
1 g Fett
12 g Eiweiß

1 Füllen Sie eine kleine Menge des lauwarmen Wassers in eine Tasse und lösen Sie die Hefe darin auf.

2 Geben Sie den Grieß, das Mehl, den Zucker und das Salz in eine Schüssel und vermischen Sie die Zutaten mit dem Hefewasser. Geben Sie nach und nach das übrige Wasser hinzu und verkneten Sie alles zu einem glatten Teig. Verkneten Sie bei Bedarf etwas mehr Mehl oder warmes Wasser, der Teig soll nicht zu flüssig sein.

3 Decken Sie die Schüssel ab und stellen Sie sie für 30 Minuten an einen warmen Ort. Teilen Sie den Teig in zwei Hälften und formen Sie jeweils flache Fladen daraus. Decken Sie beide Teigfladen ab und stellen Sie sie für weitere 15 Minuten beiseite.

4 Erhitzen Sie eine Pfanne mit etwas Fett und backen Sie die Teigfladen von beiden Seiten, bis sie eine goldbraune Oberfläche erhalten.

MAISBROT

4 Port.

190 Min.

Einfach

Zutaten

200 g Maismehl
600 g Mehl
500 ml Milch
50 g Butter
1 Pck. Trockenhefe
1 Ei
1 TL Zucker
1 Prise Salz

Nährwerte p. P.

893 kcal
147 g Kohlenhydrate
21 g Fett
26 g Eiweiß

1 Vermischen Sie beide Mehlsorten, den Zucker, die Hefe sowie das Salz in einer Schüssel.

2 Erwärmen Sie eine kleine Menge der Milch und zerlassen Sie die Butter darin. Stellen Sie sie zum Abkühlen beiseite, anschließend verrühren Sie das Ei in der Flüssigkeit.

3 Vermischen Sie die Milchmischung in der Mehlmischung und verkneten Sie unter Zugabe der übrigen Milch alles zu einem festen Teig. Stellen Sie ihn für 2 Stunden zum Ruhen beiseite.

4 Heizen Sie den Backofen auf 180 °C mit Umluftfunktion vor und backen Sie den Teig für etwa 45 Minuten.

KESRA |

GRIEßBROT

6 Port.

60 Min.

Einfach

Zutaten

1 kg Grieß
400 ml Wasser, lauwarm
200 ml Olivenöl
1 Pck. Trockenhefe
1 TL Salz
Fett zum Braten

Nährwerte p. P.

867 kcal
115 g Kohlenhydrate
35 g Fett
17 g Eiweiß

1 Geben Sie den Grieß in eine Rührschüssel und vermischen Sie es mit dem Salz. Gießen Sie das Olivenöl dazu und verkneten Sie alles zu einer klumpigen Masse.

2 Streuen Sie die Hefe über den Teig und geben Sie nach und nach das warme Wasser hinein. Verkneten Sie die Masse, bis Sie einen geschmeidigen Teig erhalten.

3 Teilen Sie den Teig in kleine Kugeln und stellen Sie sie für 15 Minuten zum Ruhen beiseite.

4 Anschließend drücken Sie die Kugeln zu flachen Fladen, die etwa 1 Zentimeter dick sind. Stechen Sie die Fladen mehrmals mit einer Gabel ein und stellen Sie sie für weitere 5 Minuten beiseite.

5 Erhitzen Sie eine Pfanne mit etwas Fett und braten Sie die einzelnen Pfannkuchen von beiden Seiten, bis sie eine goldgelbe Farbe erhalten.

Hauptgerichte mit Fleisch & Geflügel

SÜßER LAMMTOPF

4 Port.

120 Min.

Mittel

Zutaten

Lammtopf:
1 kg Lammrücken
300 ml Wasser
100 ml Orangenblütenwasser
100 g Butter
50 g Sesamkörner
150 g Zucker, braun
2 Äpfel
2 Zimtstangen
32 Backpflaumen
1 TL Salz
Pfeffer nach Belieben

Mandelreis:
400 g Reis
125 g Mandelstifte
50 g Zwiebeln
250 ml Wasser
1 Brühwürfel
1 EL Butter + ½ TL Butter
2 EL Weißwein
2 EL Rosinen
¼ TL Kurkuma
¼ TL Kardamom
¼ TL Nelken, gerieben
¼ TL Zimt
¼ TL Pfeffer

1 Dämpfen Sie zunächst die Backpflaumen für etwa 30 Minuten. Nach dem Abkühlen entfernen Sie die Steine. Erhitzen Sie eine Pfanne ohne Fettzugabe und rösten Sie die Sesamkörner kurz an. Nachdem auch diese abgekühlt sind, wälzen Sie die Backpflaumen darin.

2 Schneiden Sie das Fleisch in mundgerechte Stücke und würzen Sie es mit Salz und Pfeffer. Erhitzen Sie die Butter in einem Topf und braten Sie das Fleisch darin an. Geben Sie die Zimtstangen und nach und nach den Zucker dazu.

3 Verrühren Sie das Orangenblütenwasser mit den Zutaten im Topf und füllen Sie das Wasser dazu. Kochen Sie die Speise kurz auf und reduzieren Sie dann die Temperatur auf die niedrigste Stufe. Köcheln Sie alles für etwa 20 Minuten.

4 Währenddessen schälen Sie die Äpfel und schneiden sie in dünne Scheiben. Nach der Garzeit geben Sie die Apfelscheiben und die Backpflaumen in den Topf zum Fleisch.

5 Köcheln Sie die Speise für weitere 20 Minuten, diesmal bei mittlerer Temperatur. Die Flüssigkeit soll während des Kochvorgangs verdunsten. In der Zwischenzeit bereiten Sie den Mandelreis vor. Gießen Sie den Weißwein in eine Schüssel und geben Sie Rosinen zum Ziehen hinein.

Nährwerte p. 100g

22 kcal
2 g Kohlenhydrate
1 g Fett
1 g Eiweiß

6 Pellen Sie die Zwiebel und schneiden Sie sie in kleine Würfel. Erhitzen Sie 1 Esslöffel Butter in einer Pfanne und braten Sie die Zwiebeln glasig an. Würzen Sie sie mit dem Zimt, dem Kardamom, dem Kurkuma, den Nelken und dem Pfeffer. Gießen Sie das Wasser auf und vermischen Sie den Brühwürfel in der Pfanne.

7 Kochen Sie die Zutaten einmal kurz auf. Vermischen Sie dann den abgespülten Reis mit den Zutaten. Köcheln Sie alle Zutaten für etwa 40 Minuten bei niedriger Temperatur. Erhitzen Sie die kleine Menge Butter in einer weiteren Pfanne und rösten Sie die Mandelstifte darin kurz an. Gießen Sie die Rosinen ab und mischen Sie sie mit den gerösteten Mandeln in die Fleischpfanne.

AROMAHÄHNCHEN

2 Port.

45 Min.

Mittel

Zutaten

2 Hähnchenbrustfilets
200 ml Hühnerbrühe
300 g Möhren
20 g Ingwer, frisch
2 Stangen Zimt
2 Zwiebeln
1 Knoblauchzehe
4 EL Olivenöl
1 Topf Koriandergrün
Pfeffer nach Belieben
Salz nach Belieben

Nährwerte p. P.

389 kcal
10 g Kohlenhydrate
21 g Fett
38 g Eiweiß

1 Pellen Sie die Zwiebeln und schneiden Sie sie in Spalten. Pellen Sie den Knoblauch und hacken Sie ihn in kleine Stücke. Schälen Sie die Möhren und schneiden Sie sie in der Länge zur Hälfte durch. Anschließend schneiden Sie sie in etwa 2 Zentimeter große Stücke. Schälen Sie den Ingwer und hacken Sie ihn in kleine Stücke. Schneiden Sie das Fleisch erst in der Länge einmal durch und anschließend in etwa 4 Zentimeter breite Streifen. Würzen Sie das Fleisch mit Pfeffer und Salz.

2 Erhitzen Sie das Öl in einem Topf und braten Sie die Zwiebeln darin an. Nehmen Sie sie wieder heraus und geben Sie das Fleisch in den Topf. Braten Sie es von allen Seiten hellbraun an.

3 Nun vermischen Sie die Möhren, den Knoblauch und den Ingwer mit dem Fleisch. Geben Sie die Zwiebeln wieder in den Topf und gießen Sie die Brühe an. Legen Sie die Zimtstangen dazu und decken Sie den Topf mit einem Deckel ab. Kochen Sie die Zutaten einmal auf und reduzieren Sie dann die Temperatur auf die niedrigste Stufe. Köcheln Sie die Tajine für etwa 20 Minuten.

4 Währenddessen spülen Sie den Koriander ab und entfernen die Blätter. Würzen Sie die Tajine nach Belieben noch einmal nach. Zum Servieren streuen Sie die Korianderblätter über die Speise.

COUSCOUS MIT RINDFLEISCH

4 Port.

120 Min.

Mittel

Zutaten

500 g Rindfleisch, alternativ Hähnchenfleisch
500 g Couscous
200 g Kürbis
1 Kohlrabi
2 Zucchini
4 Möhren
2 Tomaten
1 Zwiebel
½ Bund Petersilie
5 EL Öl
1 TL Smen (Rezept in diesem Kochbuch)
1 TL Ingwer
1 Prise Safran
1 TL Pfeffer
1 TL Salz
Wasser nach Belieben

Nährwerte p. 100g

194 kcal
30 g Kohlenhydrate
2 g Fett
14 g Eiweiß

1 Schneiden Sie das Rindfleisch in mundgerechte Stücke. Spülen Sie die Petersilie ab und hacken Sie sie in feine Stücke. Erhitzen Sie 4 Esslöffel des Öls in einem Topf und braten Sie das Fleisch darin rundherum an. Würzen Sie es mit dem Safran, der Petersilie, dem Pfeffer, dem Ingwer und dem Salz. Gießen Sie so viel Wasser auf, bis die Zutaten damit bedeckt sind. Legen Sie einen Deckel auf und köcheln Sie das Fleisch bei niedriger Temperatur.

2 Nun bereiten Sie das Gemüse zu. Häuten Sie die Tomaten und entfernen Sie die Kerne. Schneiden Sie die Tomaten in Achtel. Schälen Sie die Möhren und schneiden Sie sie in längliche Stücke. Säubern Sie die Zucchini und schneiden Sie auch diese in längliche Stücke. Schälen Sie die Kohlrabi und holen Sie das Fruchtfleisch vom Kürbis aus der Schale. Schneiden Sie beides in Stücke. Pellen Sie die Zwiebel und schneiden Sie sie in Stücke. Anschließend geben Sie das vorbereitete Gemüse zum Fleisch in den Topf. Gießen Sie bei Bedarf etwas Wasser zu, damit wieder alle Zutaten bedeckt sind. Köcheln Sie die Speise zugedeckt bei niedriger Temperatur für weitere 30 Minuten.

3 Geben Sie den Couscous in eine Schüssel und vermischen Sie ihn mit dem übrigen Öl. Bereiten Sie den Couscous nach Packungsanweisung zu. Wenn er genug aufgequollen ist, vermischen Sie das Smen im Couscous.

4 Zum Servieren richten Sie den Couscous auf Tellern an und geben die Fleisch-Gemüse-Mischung darauf.

ZITRONENHÄHNCHEN

4 Port.

120 Min.

Mittel

Zutaten

6 Hähnchenschenkel
1 Knoblauchzehe
1 Zwiebel
1 Zitrone
2 Salzzitronen (Rezept in diesem Kochbuch)
1 Handvoll Oliven, grün
5 Zweige Zitronenthymian, alternativ 3 TL Thymian, getrocknet
1 Briefchen Safranfäden
300 ml Hühnerbrühe
4 TL Ras el-Hanout (Rezept in diesem Kochbuch)
2 EL Wasser, heiß
Petersilie nach Belieben
Zitronenpfeffer nach Belieben
Salz nach Belieben
Sonnenblumenöl zum Braten

Nährwerte p. P.

487 kcal
5 g Kohlenhydrate
26 g Fett
58 g Eiweiß

1 Heizen Sie den Backofen auf 180 °C mit Umluftfunktion vor. Würzen Sie die Hähnchenschenkel mit Salz, Zitronenpfeffer und Ras el-Hanout. Erhitzen Sie das Öl in einer Pfanne und braten Sie das Fleisch von beiden Seiten an. Anschließend legen Sie die Schenkel in eine Auflaufform.

2 Zerreiben Sie die Safranfäden mit den Fingern und geben Sie sie in eine kleine Schüssel. Füllen Sie das Wasser hinzu und stellen Sie sie für 10 Minuten beiseite.

3 Reiben Sie die Schale der Zitrone fein ab und pressen Sie sie anschließend aus. Entfernen Sie die Blätter des Thymians von den Zweigen. Pellen Sie die Zwiebel und den Knoblauch und schneiden Sie beides in kleine Würfel. Spülen Sie die Petersilie ab, entfernen Sie die Blätter und hacken Sie sie in grobe Stücke.

4 Geben Sie etwas Öl in die Pfanne, in der Sie die Hähnchenschenkel angebraten haben, und erhitzen Sie es. Dünsten Sie die Zwiebeln und den Knoblauch darin an und gießen Sie die Hühnerbrühe dazu. Nun vermischen Sie den eingeweichten Safran samt Wasser darin. Kochen Sie alles kurz auf und verrühren Sie dann die Thymianblätter, die halbe Menge des Zitronensaftes (die übrige Menge wird nicht mehr benötigt) und die abgeriebene Zitronenschale darin. Gießen Sie den Pfanneninhalt in die Auflaufform über das Fleisch. Stellen Sie die Form auf die mittlere Schiene und garen Sie die Speise für etwa 20 Minuten. Dann wenden Sie die Hähnchenschenkel und garen sie für weitere 30 Minuten. Zwischendurch begießen Sie sie mit der Soße.

5 Schneiden Sie die Salzzitronen in Achtel und entfernen Sie das Fruchtfleisch (dieses wird nicht mehr benötigt, Sie können es anderweitig verwenden). Schneiden Sie die Schale anschließend in Streifen.

6 Nach etwa 40 Minuten Garzeit geben Sie die Zitronenschalenstreifen und die Oliven zum Hähnchen in die Auflaufform. Wenn die Hähnchenschenkel fertig sind, richten Sie sie mit der Soße und etwas Petersilie auf Tellern an.

HÄHNCHEN-TAJINE MIT KICHERERBSEN

2 Port.

60 Min.

Einfach

Zutaten

300 g Hähnchenbrustfilet
400 g Kichererbsen aus der Konserve
150 g Aubergine
80 g Tomaten
100 ml Geflügelfond
200 ml passierte Tomaten
1 Knoblauchzehe
1 Zwiebel
1 Chilischote, rot, getrocknet
2 Zweige Minze
2 Zweige Dill
2 TL Harissa (Rezept in diesem Kochbuch)
½ TL Kreuzkümmel
1 TL Schwarzkümmel
1 Kardamomkapsel
4 EL Olivenöl
1 EL Zitronensaft
Salz nach Belieben

Nährwerte p. P.

568 kcal
31 g Kohlenhydrate
26 g Fett
48 g Eiweiß

1 Pellen Sie die Zwiebel sowie den Knoblauch. Schneiden Sie die Zwiebel in Achtel und den Knoblauch in Scheiben. Säubern Sie die Aubergine und schneiden Sie sie in Würfel. Geben Sie die Kichererbsen zum Abtropfen in ein Sieb. Säubern Sie die Tomaten und halbieren Sie sie. Schneiden Sie das Fleisch in mundgerechte Stücke und vermischen Sie es mit dem Harissa und etwas Salz.

2 Erhitzen Sie 2 Esslöffel des Olivenöls in einem großen Topf und braten Sie die Fleischstücke rundherum an. Anschließend nehmen Sie es heraus und geben das restliche Olivenöl in den Topf.

3 Braten Sie nun die Aubergine, den Knoblauch, die Zwiebeln und die Chilischote an. Vermischen Sie die Kichererbsen im Topf und geben Sie die Tomaten und das Fleisch dazu. Würzen Sie die Zutaten mit Salz und dem Kreuzkümmel. Drücken Sie die Kardamomkapsel leicht an und geben Sie sie ebenfalls in den Topf. Nun füllen Sie den Geflügelfond und die passierten Tomaten hinein. Legen Sie einen Deckel auf und köcheln Sie die Speise bei mittlerer Temperatur für etwa 25 Minuten.

4 In der Zwischenzeit spülen Sie die Kräuter ab und zupfen die Blätter von den Stielen. Schmecken Sie die Tajine mit Zitronensaft und Salz ab.

5 Zum Servieren streuen Sie die Kräuter und den Schwarzkümmel über die Tajine.

LAMM-TAJINE

8 Port.

150 Min.

Mittel

Zutaten

1 ½ kg Lammfleisch
600 ml Lammfond
500 g Kartoffeln, festkochend
150 g Soft-Aprikosen
10 g Butter
30 g Ingwer, frisch
4 Knoblauchzehen
1 Gemüsezwiebel
2 Briefchen Safran (à 0,1 g)
1 Zimtstange
½ Bund Koriandergrün
4 EL Olivenöl
1 EL Honig
2 TL Ras el-Hanout (Rezept in diesem Kochbuch)
Pfeffer nach Belieben
Salz nach Belieben

Nährwerte p. P.

419 kcal
20 g Kohlenhydrate
18 g Fett
40 g Eiweiß

1 Schneiden Sie das Lammfleisch in mundgerechte Stücke. Pellen Sie die Zwiebel und den Knoblauch. Schneiden Sie die Zwiebel in Würfel und hacken Sie den Knoblauch in feine Stücke. Schälen Sie den Ingwer und hacken Sie ihn ebenfalls in kleine Stücke.

2 Erhitzen Sie 2 Esslöffel des Olivenöls in einem großen Topf und geben Sie die Butter dazu. Braten Sie das Fleisch portionsweise an und nehmen Sie es anschließend wieder heraus. Füllen Sie 100 Milliliter des Lammfonds in den Topf und lösen Sie damit den Bratensatz. Füllen Sie die Flüssigkeit zum Fleisch.

3 Erhitzen Sie das übrige Olivenöl im Topf und dünsten Sie darin den Ingwer, den Knoblauch und die Zwiebeln an. Geben Sie das Ras el-Hanout, die Zimtstange sowie den Safran dazu und gießen Sie den übrigen Fond auf. Vermischen Sie den Honig mit den Zutaten und geben Sie das Fleisch in den Topf. Decken Sie den Topf ab und köcheln Sie alles bei mittlerer Temperatur für etwa 90 Minuten.

4 Währenddessen schälen Sie die Kartoffeln und schneiden sie in Viertel. Kochen Sie sie für 10 Minuten vor und gießen Sie sie anschließend ab. Etwa 15 Minuten vor Ende der Garzeit geben Sie die Kartoffeln sowie die Soft-Aprikosen in den Topf. Würzen Sie die Speise nach Belieben mit Pfeffer und Salz. Spülen Sie den Koriander ab und hacken Sie ihn in grobe Stücke. Vor dem Servieren streuen Sie die Kräuter über das Fleisch.

RINDFLEISCH-TAJINE

8 Port.

130 Min.
+
1 Nacht
Kühlzeit

Mittel

Zutaten

1 kg Rindfleisch
300 g Zwiebeln, rot
150 g Weintrauben, blau
150 g Datteln
450 g Süßkartoffeln
250 ml Rinderfond
6 Zweige Koriandergrün
1 Dose Kichererbsen
3 Wacholderbeeren
3 Gewürznelken
5 Pimentkörner
4 EL Olivenöl
1 TL Cayennepfeffer
1 TL Kreuzkümmel, gemahlen
1 TL Zimt, gemahlen
Pfeffer nach Belieben
Salz nach Belieben

Nährwerte p. P.

445 kcal
36 g Kohlenhydrate
16 g Fett
37 g Eiweiß

1 Schneiden Sie das Fleisch in etwa 4 Zentimeter große Würfel. Geben Sie den Piment, die Nelken und die Wacholderbeeren in einen Mörser und zerstoßen Sie die Gewürze zu einem feinen Pulver. Vermischen Sie sie anschließend mit dem Olivenöl, dem Zimt, dem Kreuzkümmel und dem Cayennepfeffer. Geben Sie die Mischung in eine Schüssel und vermischen Sie sie mit den Fleischstücken. Stellen Sie das Fleisch abgedeckt für eine Nacht in den Kühlschrank.

2 Am Zubereitungstag würzen Sie das Fleisch nach Belieben mit Pfeffer und Salz. Geben Sie das Fleisch in eine ofenfeste Form und gießen Sie den Fond darüber. Heizen Sie den Backofen auf 200 °C mit Ober- und Unterhitze vor und schmoren Sie das Fleisch für etwa 60 Minuten auf der unteren Schiene.

3 In der Zwischenzeit schälen Sie die Süßkartoffeln und schneiden sie in etwa 1 Zentimeter große Stücke. Entkernen Sie die Datteln und schneiden Sie sie in Viertel. Pellen Sie die Zwiebeln und schneiden Sie sie in Streifen. Geben Sie die Kichererbsen zum Abtropfen in ein Sieb. Zupfen Sie die Korianderblätter von den Zweigen ab.

4 Nach der Garzeit geben Sie zunächst die Kartoffelstücke zum Fleisch. Garen Sie es für weitere 30 Minuten und fügen Sie dann die Zwiebeln und die Datteln hinzu. Nach 10 Minuten geben Sie die Weintrauben und die Kichererbsen in die Form. Garen Sie alles für weitere 5 Minuten und rühren Sie die Zutaten einmal um.

5 Zum Servieren streuen Sie die Korianderblätter über die Tajine.

POULARDEN-TAJINE MIT SALZZITRONE

8 Port.

90 Min.

Mittel

Zutaten

1 ½ kg Poularde
450 g Zucchini
400 ml Geflügelfond
1 Bund Frühlingszwiebeln
2 Salzzitronen (Rezept in diesem Kochbuch)
4 Knoblauchzehen
4 Zwiebeln
1 Briefchen Safranfäden
2 EL Olivenöl
1 EL Butter
Pfeffer nach Belieben
Salz nach Belieben

Nährwerte p. P.

292 kcal
3 g Kohlenhydrate
17 g Fett
29 g Eiweiß

1 Schneiden Sie von der Poularde die Keulen ab und trennen Sie sie im Gelenk auseinander. Lösen Sie das Brustfleisch und schneiden Sie es in je 3 Stücke. Schneiden Sie die Flügel ab und entfernen Sie die Spitzen. Trennen Sie sie im Gelenk auseinander. Insgesamt sollten Sie nun 14 Fleischstücke erhalten haben.

2 Pellen Sie die Zwiebeln und schneiden Sie sie in dünne Spalten. Pellen Sie den Knoblauch und schneiden Sie ihn in Scheiben. Schneiden Sie eine Salzzitrone in dünne Scheiben, die andere hacken Sie in feine Stücke. Säubern Sie die Zucchini und schneiden Sie sie zur Hälfte durch. Anschließend schneiden Sie sie in dünne Scheiben. Säubern Sie die Frühlingszwiebeln und schneiden Sie den weißen sowie den grünen Teil in dünne Ringe.

3 Würzen Sie das Fleisch mit Pfeffer und Salz. Erhitzen Sie das Olivenöl mit der Butter in einem großen Topf und braten Sie die Geflügelstücke darin rundherum an. Entnehmen Sie das Brustfleisch und stellen Sie es zur weiteren Verwendung beiseite. Geben Sie die Zwiebeln, die klein gehackte Salzzitrone und den Safran hinein und vermischen Sie alles miteinander. Nun gießen Sie den Geflügelfond an und legen einen Deckel auf. Köcheln Sie die Zutaten bei mittlerer Temperatur für etwa 30 Minuten.

4 Nach der Kochzeit geben Sie das Brustfleisch wieder in den Topf und vermischen die Frühlingszwiebeln und die Zucchini darin. Geben Sie die Salzzitronenscheiben hinzu und legen Sie den Deckel wieder auf. Köcheln Sie die Speise für weitere 15 Minuten. Schmecken Sie die Tajine nochmals mit dem Pfeffer ab.

Hauptgerichte mit Fisch & Meeresfrüchten

THUNFISCH-COUSCOUS-FRIKADELLEN

 2 Port.

 60 Min.

 Einfach

Zutaten

425 g Thunfisch aus der Dose
1 Tasse Couscous
½ Tasse Oliven, schwarz und zerkleinert
½ Tasse Gemüse- oder Hühnerbrühe
¼ Tasse Petersilie, frisch gehackt
2 Eier
Zitronensaft nach Belieben
Olivenöl zum Braten

Nährwerte p. P.

427 kcal
19 g Kohlenhydrate
8 g Fett
69 g Eiweiß

1 Geben Sie den Couscous in eine hitzebeständige Schüssel. Kochen Sie die Brühe kurz auf und gießen Sie sie über den Couscous. Stellen Sie ihn zum Quellen beiseite.

2 Füllen Sie den Thunfisch zum Abtropfen in ein Sieb. Vermischen Sie ihn mit dem abgekühlten Couscous und vermengen Sie außerdem die Petersilie, die Oliven, die Eier und etwas Zitronensaft im Couscous.

3 Verkneten Sie alle Zutaten miteinander, bis Sie eine formbare Masse erhalten. Stellen Sie kleine Frikadellen her und stellen Sie sie für etwa 30 Minuten in den Kühlschrank.

4 Erhitzen Sie etwas Olivenöl in einer Pfanne und braten Sie die Fischfrikadellen von beiden Seiten, bis sie eine leichte Bräunung erhalten.

FISCH-ZITRONEN-TAJINE

4 Port.

90 Min.

Einfach

Zutaten

4 Fischfilets (Kabeljau, Zander o. Ä.)
600 g Tomaten
300 g Möhren
20 g Petersilie
10 g Koriander
60 ml Olivenöl
3 Knoblauchzehen
2 Zwiebeln
12 Oliven, grün
1 Zitrone, unbehandelt
½ Zitrone, den Saft davon
¼ Zitrone, die Schale davon, fein gehackt
1 TL Ingwer
1 TL Kreuzkümmel, gemahlen
¼ TL Kurkuma, gemahlen
Chilipulver nach Belieben
Salz nach Belieben

Nährwerte p. P.

366 kcal
13 g Kohlenhydrate
18 g Fett
35 g Eiweiß

1 Pellen Sie eine Knoblauchzehe und hacken Sie sie in feine Stücke. Spülen Sie die Petersilie und den Koriander ab und hacken Sie beides ebenfalls in feine Stücke. Schneiden Sie den Ingwer in kleine Stücke. Vermischen Sie das Olivenöl mit den Kräutern, dem Knoblauch, dem Ingwer, dem Kurkuma, dem Zitronensaft und der Zitronenschale. Streichen Sie die Marinade über die Fischfilets und stellen Sie sie für 1 Stunde in den Kühlschrank.

2 Währenddessen schälen Sie die Möhren und schneiden sie in dünne Scheiben. Pellen Sie die Zwiebeln, halbieren Sie sie und schneiden Sie sie ebenfalls in dünne Scheiben. Enthäuten Sie die Tomaten und schneiden Sie sie in kleine Stücke. Pellen Sie die übrigen 2 Knoblauchzehen und hacken Sie ihn in feine Stücke. Waschen Sie die Zitrone gründlich ab und schneiden Sie sie in dünne Scheiben.

3 Erhitzen Sie eine Pfanne ohne Fettzugabe und rösten Sie den Kreuzkümmel kurz an. Geben Sie die Tomatenstücke dazu und vermischen Sie den Knoblauch mit den Zutaten. Würzen Sie nach Belieben mit dem Chilipulver und Salz. Dünsten Sie alles für etwa 10 Minuten bei niedriger Temperatur und rühren Sie zwischendurch um.

4 Verteilen Sie die Zwiebeln in einem großen Topf und geben Sie die Möhren dazu. Füllen Sie den Pfanneninhalt in den Topf und würzen Sie noch mal nach Belieben mit Salz. Köcheln Sie die Zutaten abgedeckt bei niedriger Temperatur für etwa 20 Minuten.

5 Nehmen Sie den Fisch aus der Marinade, würzen Sie ihn mit Salz und legen Sie ihn auf das Gemüse in den Topf. Verteilen Sie die Zitronenscheiben und die Oliven auf dem Fisch und gießen Sie die Marinade darüber. Legen Sie den Deckel wieder auf und köcheln Sie die Speise für weitere 15 Minuten.

SARDINENBÄLLCHEN MIT TOMATENSOẞE

4 Port.

180 Min.

Mittel

Zutaten

Sardinenbällchen:
1 kg Sardinenfilet
½ Tasse Reis, gekocht
2 Knoblauchzehen
1 EL Koriander, frisch gehackt
1 TL Kreuzkümmel
1 TL Paprikapulver
Pfeffer nach Belieben
Salz nach Belieben

Tomatensoße:
1 kg Tomaten
150 ml Wasser
4 Knoblauchzehen
1 Chilischote, grün
1 Lorbeerblatt
2 Prisen Zucker
3 EL Koriander, frisch gehackt
2 EL Olivenöl
Pfeffer nach Belieben
Salz nach Belieben

Zusätzlich:
1 Spitzpaprika, rot
1 Spitzpaprika, grün
½ Bund Petersilie
1 EL Zitronensaft

1 Schneiden Sie die Sardellen in kleine Stücke. Pellen Sie den Knoblauch und pressen Sie ihn zu den Sardellen. Vermischen Sie den Koriander und den gekochten Reis darin und würzen Sie alles mit Paprikapulver, Kreuzkümmel, Pfeffer und Salz.

2 Decken Sie die Schüssel ab und stellen Sie sie für 2 Stunden in den Kühlschrank. Entfernen Sie die Haut von den Tomaten und reiben Sie sie (wenn möglich) in eine Schüssel. Sie können sie auch in ganz kleine Stücke schneiden und später zerstampfen.

3 Pellen Sie den Knoblauch und hacken Sie ihn in kleine Stücke. Säubern Sie die Chilischote und schneiden Sie sie in kleine Stücke.

4 Erhitzen Sie das Olivenöl in einer Pfanne und dünsten Sie den Knoblauch darin an. Geben Sie die Tomaten, das Lorbeerblatt und die Chilistücke dazu. Köcheln Sie alles bei mittlerer Temperatur und rühren Sie gelegentlich um.

5 Füllen Sie das Wasser dazu und würzen Sie die Soße mit Pfeffer und Salz. Köcheln Sie sie weiter, bis die Soße etwas eingekocht ist. Schmecken Sie sie erneut mit den Gewürzen und etwas Zucker ab.

Nährwerte p. P.

680 kcal
22 g Kohlenhydrate
30 g Fett
78 g Eiweiß

6 Formen Sie aus der Sardinenmischung kleine Bällchen und verteilen Sie sie in einer Auflaufform. Säubern Sie die Paprika und schneiden Sie sie in Ringe. Verteilen Sie sie auf den Sardinenbällchen. Gießen Sie die Tomatensoße in die Auflaufform und decken Sie sie mit Alufolie ab.

7 Heizen Sie den Backofen auf 180 °C mit Umluftfunktion vor und garen Sie die Speise für etwa 25 Minuten. In der Zwischenzeit spülen Sie die Petersilie ab und hacken sie in kleine Stücke. Zum Servieren verteilen Sie die Petersilie über die Bällchen und träufeln etwas Zitronensaft darüber.

FISCH-TAJINE IN CHERMOULA

4 Port.

180 Min.

Mittel

Zutaten

700 g Seeteufel, alternativ Fisch mit weißem, festem Fleisch
4 Möhren
4 Tomaten
4 Kartoffeln
1 Paprika, rot
1 Paprika, gelb
1 Paprika, orange
1 Zwiebel
1 Salzzitrone (Rezept in diesem Kochbuch)
1 EL Öl
Oliven, schwarz, zum Dekorieren

Chermoula:
1 Bund Petersilie
3 Knoblauchzehen
1 EL Tomatenmark
1 EL Olivenöl
1 EL Zitronensaft
1 Würfel Knorr Fisch
Kreuzkümmel nach Belieben
Ingwer, getrocknet, nach Belieben
Kurkuma nach Belieben
Pfeffer nach Belieben
Salz nach Belieben
etwas Wasser

Nährwerte p. P.

412 kcal
32 g Kohlenhydrate
12 g Fett
39 g Eiweiß

1 Bereiten Sie zunächst die Chermoula (Marinade) zu. Spülen Sie die Petersilie ab und hacken Sie sie in feine Stücke. Pellen Sie den Knoblauch und pressen Sie ihn in eine Schüssel. Vermischen Sie beides miteinander. Nun verrühren Sie das Tomatenmark, das Olivenöl, den Brühwürfel und den Zitronensaft darin. Würzen Sie anschließend nach Belieben mit dem Kreuzkümmel, dem Ingwer, dem Kurkuma, dem Pfeffer und dem Salz.

2 Schneiden Sie den Fisch in mundgerechte Stücke und vermischen Sie ihn mit der Marinade. Stellen die Schüssel abgedeckt für 2 Stunden in den Kühlschrank. Enthäuten Sie die Tomaten und schneiden Sie sie in kleine Stücke. Pellen Sie die Zwiebel und schneiden Sie sie in Ringe. Schälen Sie die Möhren sowie die Kartoffeln und schneiden Sie sie in Würfel. Säubern Sie die Paprika und schneiden Sie sie in Streifen. Schneiden Sie die Salzzitrone in dünne Scheiben.

3 Erhitzen Sie das Öl in einem Topf und verteilen Sie die Zwiebelringe auf dem Topfboden. Nun legen Sie die Fischstücke darüber. Verrühren Sie die Marinade mit etwas Wasser und gießen Sie die halbe Menge in den Topf. Geben Sie nun die Paprikastreifen und die Tomatenstücke auf den Fisch. Verteilen Sie 5 Zitronenscheiben sowie die Oliven auf den Zutaten und träufeln Sie die übrige Marinade darüber.

4 Köcheln Sie die Speise bei niedriger Temperatur, bis alle Zutaten durchgegart sind. Gießen Sie bei Bedarf etwas Wasser dazu, falls die Flüssigkeit zu verdampfen droht. Zum Servieren reichen Sie ein frisches Fladenbrot zur Fisch-Tajine.

FISCH-COUSCOUS

6 Port.

90 Min.

Mittel

Zutaten

500 g Couscous
1.500 g Fisch nach Wahl (mit festem Fleisch)
125 g Erbsen
125 g Kohl
3 Möhren
3 Tomaten
3 Zucchini
3 weiße Rüben
2 Zwiebeln
2 Stangen Sellerie
1 EL Olivenöl
1 ½ TL Tabil (Rezept in diesem Kochbuch)
1 TL Kreuzkümmel, gemahlen
1 TL Koriander, gemahlen
½ TL Safranfäden
1 Prise Cayennepfeffer
Harissa nach Belieben (Rezept in diesem Kochbuch)
Salz nach Belieben
Wasser nach Bedarf

Nährwerte p. P.

696 kcal
66 g Kohlenhydrate
19 g Fett
59 g Eiweiß

1 Schälen Sie die Möhren und die Zucchini, enthäuten Sie die Tomaten, säubern Sie die Selleriestangen, die weißen Rüben sowie den Kohl und pellen Sie die Zwiebeln. Schneiden Sie alle Gemüsesorten in kleine Stücke. Bereiten Sie den Fisch küchenfertig vor und zerteilen Sie ihn in mundgerechte Stücke. Geben Sie die Schale des vorbereiteten Gemüses und die Köpfe der Fische in einen Topf, füllen Sie etwas Wasser hinzu und würzen Sie alles mit Salz und Cayennepfeffer. Kochen Sie die Zutaten kurz auf und reduzieren Sie dann die Temperatur auf die niedrigste Stufe. Köcheln Sie alles für 20 Minuten zu einem Fischsud. Gießen Sie ihn nach Fertigstellung durch ein Sieb und stellen Sie ihn beiseite.

2 Erhitzen Sie das Öl in einer großen Pfanne und dünsten Sie die Zwiebeln darin an. Geben Sie die Fischstücke dazu und braten Sie sie für einige Minuten rundherum an. Vermischen Sie anschließend den Sellerie, die Möhren und die weißen Rüben in der Pfanne. Gießen Sie dann den Fischfond auf und fügen so viel Wasser bei, dass Sie insgesamt eine Flüssigkeitsmenge von etwa 2 Litern erhalten. Würzen Sie die Zutaten nach Belieben mit Salz, Safran und Tabil. Legen Sie einen Deckel auf und dünsten Sie die Speise bei niedriger Temperatur für etwa 15 Minuten. Nun vermischen Sie die Tomaten, die Zucchini, die Erbsen und den Kohl in der Pfanne und würzen alles mit dem Koriander, dem Kreuzkümmel und dem Harissa.

3 In der Zwischenzeit bereiten Sie den Couscous nach Packungsanleitung zu. Geben Sie ihn nach der Quellzeit in eine Schüssel und lockern Sie ihn mit einer Gabel auf. Geben Sie den Fisch und das Gemüse auf den Couscous. Nach Wunsch können Sie aus dem Sud eine Soße herstellen, indem Sie sie mit Gewürzen Ihrer Wahl vermischen und sie eventuell etwas ansämen.

Vegetarische & vegane Hauptgerichte

MARKAT ADASS |

LINSENRAGOUT

3 Port.

70 Min.

Leicht

Zutaten

350 g Linsen, braun (Konserve)
1 Stange Staudensellerie
3 Knoblauchzehen
2 Möhren
2 Tomaten
1 Zwiebel
1 EL Tomatenmark
1 EL Koriander, frisch
1 EL Petersilie, frisch
3 EL Olivenöl zum Braten
1 TL Kurkuma, gemahlen
1 TL Paprikapulver
½ TL Pfeffer, schwarz
Salz nach Belieben
Wasser nach Belieben

Nährwerte p. P.

497 kcal
78 g Kohlenhydrate
2 g Fett
34 g Eiweiß

1 Geben Sie die Linsen in ein Sieb und spülen Sie sie gründlich ab. Anschließend belassen Sie die Linsen zum Abtropfen im Sieb.

2 Pellen Sie die Zwiebel und den Knoblauch und schneiden Sie beides in kleine Stücke. Entfernen Sie die Haut und die Kerne der Tomaten und schneiden Sie sie in kleine Stücke. Schälen Sie die Möhren und schneiden Sie sie in kleine Würfel. Säubern Sie den Sellerie und schneiden ihn in kleine Würfel. Spülen Sie die Kräuter ab und hacken Sie sie in feine Stücke.

3 Erhitzen Sie das Öl in einem großen Topf und dünsten Sie die Zwiebeln darin an. Fügen Sie den Knoblauch bei sowie anschließend die Tomatenstücke und das Tomatenmark. Verrühren Sie alles miteinander und geben Sie dann die Möhren, den Sellerie und die Linsen dazu. Würzen Sie die Zutaten mit dem Paprikapulver, dem Pfeffer, dem Kurkuma und nach Belieben mit Salz.

4 Gießen Sie so viel Wasser auf, bis alle Zutaten bedeckt sind. Kochen Sie die Speise einmal kurz auf und reduzieren Sie dann die Temperatur auf die niedrigste Stufe. Köcheln Sie den Eintopf für etwa 30 Minuten.

5 Nach der Kochzeit rühren Sie den Koriander und die Petersilie in das Linsenragout und schmecken es noch einmal mit Salz ab.

SCHAKSCHUKA |

GEMÜSEPFANNE MIT EI

4 Port. 30 Min. Leicht

Zutaten

500 g Tomaten
400 g Paprika, rot und grün
250 g Zwiebeln
150 ml Wasser, lauwarm
1 Peperoni
4 Eier
1 EL Tomatenmark
6 EL Olivenöl
1 TL Paprikapulver, edelsüß
½ TL Harissa (Rezept in diesem Kochbuch)
Salz nach Belieben

Nährwerte p. P.

362 kcal
15 g Kohlenhydrate
29 g Fett
8 g Eiweiß

1 Pellen Sie die Zwiebeln und schneiden Sie sie in grobe Würfel. Säubern Sie die Paprika und schneiden Sie sie in Würfel. Säubern Sie die Peperoni und schneiden Sie sie in Streifen. Enthäuten Sie die Tomaten, entfernen Sie die Kerne und schneiden Sie das Fruchtfleisch in Würfel.

2 Erhitzen Sie das Olivenöl in einer Pfanne und dünsten Sie die Zwiebeln darin glasig an. Geben Sie das vorbereitete Gemüse dazu und dünsten Sie es unter Rühren für etwa 5 Minuten. Vermischen Sie das Tomatenmark, das Harissa und das Paprikapulver in den Zutaten und gießen Sie dann das Wasser auf. Legen Sie einen Deckel auf und köcheln Sie die Speise bei niedriger Temperatur für etwa 20 Minuten.

3 Würzen Sie das Gemüse mit Salz und bilden Sie vier Mulden. Schlagen Sie die Eier in diese Mulden und legen Sie den Deckel wieder auf. Garen Sie alles noch einmal für weitere 7 Minuten bei niedriger Temperatur, bis das Eiweiß gestockt ist.

COCA ALGÉRIENNE |

ALGERISCHE PIZZA

8 Port.

220 Min.

Mittel

Zutaten

Teig:
500 g Mehl, Type 550
120 g Butter
10 g Hefe, frisch
250 ml Milch + 1 EL
70 ml Olivenöl
1 EL Apfelessig
1 TL Zucker
1 TL Backpulver
1 Ei
1 Eigelb
10 g Salz
Oliven, schwarz, nach Belieben

Füllung:
3 Tomaten
4 Knoblauchzehen
2 Zwiebeln
1 EL Tomatenmark
2 EL Olivenöl
1 TL Harissa (Rezept in diesem Kochbuch)
1 TL Ras el-Hanout (Rezept in diesem Kochbuch)
Pfeffer nach Belieben
Salz nach Belieben

1 Gießen Sie die Milch in einen Topf und geben Sie die Butter dazu. Erwärmen Sie beides, bis die Milch lauwarm geworden ist.

2 Füllen Sie das Mehl in eine Schüssel und vermischen Sie es mit dem Zucker, dem Backpulver und dem Salz. Verteilen Sie die Hefe in kleinen Stücken darin und geben dann die warme Milch-Butter-Mischung und 50 ml des Olivenöls, den Apfelessig sowie das Ei dazu.

3 Verkneten Sie alle Zutaten zu einem geschmeidigen Teig. Sollte er zu trocken geworden sein, geben Sie etwas Olivenöl hinzu. Decken Sie die Schüssel ab und stellen Sie sie für 2 Stunden zum Ruhen beiseite.

4 Anschließend teilen Sie den Teig in zwei gleich große Stücke, formen sie zu Kugeln und legen beide wieder in die Schüssel. Stellen Sie den Teig für eine weitere Stunde abgedeckt zum Ruhen beiseite.

5 Währenddessen bereiten Sie die Füllung vor. Pellen Sie die Zwiebeln und den Knoblauch und schneiden Sie beides in kleine Stücke. Schneiden Sie ebenso die Tomaten in kleine Stücke.

Nährwerte p. P.

501 kcal
51 g Kohlenhydrate
29 g Fett
9 g Eiweiß

6 Erhitzen Sie das übrige Olivenöl in einem Topf und braten Sie die Zwiebeln und den Knoblauch glasig an. Geben Sie die Tomatenstücke, das Tomatenmark, das Ras el-Hanout und das Harissa dazu und vermischen Sie alles miteinander. Würzen Sie die Zutaten nach Belieben mit Pfeffer und Salz und köcheln Sie alles bei niedriger Temperatur, bis die Flüssigkeit entwichen ist. Stellen Sie den Topf zum Abkühlen beiseite.

7 Heizen Sie den Ofen auf 220 °C mit Umluftfunktion vor und belegen Sie ein Blech mit Backpapier. Rollen Sie eine Teigkugel auf die Größe des Backbleches aus und legen Sie es auf das Blech. Verteilen Sie die Füllung darauf, lassen Sie aber einen kleinen Rand frei. Dann rollen Sie die zweite Teigkugel aus und legen sie auf die Füllung. Drücken Sie den Rand des Teiges etwas fest.

8 Vermischen Sie das Eigelb mit 1 Esslöffel Milch und bestreichen Sie die Teigoberfläche damit. Schneiden Sie nun die Coca in Stücke Ihrer gewünschten Größe und belegen Sie jedes Stück mit einer Olive.

9 Backen Sie die Coca für etwa 30 bis 40 Minuten.

KEFTA BATATA |

VEGETARISCHE KEFTA

2 Port. 30 Min. Einfach

Zutaten

3 Kartoffeln
2 Eier
1 Zwiebel
1 Bund Petersilie
1 EL Butter
Paniermehl nach Belieben
Öl zum Braten
Mehl zum Wenden
Chilipulver nach Belieben
Koriander, getrocknet, nach Belieben
Pfeffer nach Belieben
Salz nach Belieben

Nährwerte p. P.

229 kcal
31 g Kohlenhydrate
6 g Fett
10 g Eiweiß

1 Pellen Sie die Zwiebel und schneiden Sie sie in kleine Würfel. Spülen Sie die Petersilie ab und hacken Sie sie in feine Stücke. Schälen Sie die Kartoffeln und kochen Sie sie in kleinen Stücken, bis sie gar sind.

2 Erhitzen Sie die Butter in einer Pfanne und braten Sie darin die Zwiebeln und die Petersilie so lange an, bis die Flüssigkeit aus der Petersilie verdampft ist.

3 Geben Sie die Kartoffelstücke in eine Schüssel und zerstampfen Sie sie zu einer feinen Masse. Vermischen Sie die Eier und die Zwiebel-Petersilienmischung darin und fügen Sie so viel Paniermehl hinzu, bis der Kartoffelmus formbar wird. Schmecken Sie den Teig nach Belieben mit den Gewürzen ab.

4 Geben Sie etwas Mehl auf einen flachen Teller. Formen Sie aus dem Kartoffelmus kleine Bällchen und wenden Sie sie im Mehl.

5 Erhitzen Sie das Öl in einer weiteren Pfanne und braten Sie die Kartoffelbällchen von allen Seiten, bis sie eine goldgelbe Farbe erhalten.

COUSCOUS-GEMÜSE-AUFLAUF

4 Port.

60 Min.

Einfach

Zutaten

550 ml Gemüsebrühe
350 g Couscous
200 g Fetakäse
50 g Mandelsplitter
2 Paprika, rot
2 Zucchini
1 Aubergine
½ Bund Petersilie
2 EL Olivenöl
1 Prise Paprikapulver
1 Prise Pfeffer
1 Prise Salz

Nährwerte p. P.

730 kcal
71 g Kohlenhydrate
36 g Fett
23 g Eiweiß

1 Heizen Sie den Backofen auf 200 °C mit Umluftfunktion vor und fetten Sie eine Auflaufform ein. Gießen Sie die Gemüsebrühe in einen Topf und kochen Sie sie einmal auf. Geben Sie den Couscous in einen weiteren Topf und übergießen Sie ihn mit der kochenden Brühe. Stellen Sie den Topf zum Quellen beiseite.

2 Währenddessen säubern Sie die Zucchini, die Paprika und die Aubergine und schneiden alles in Würfel. Schneiden Sie ebenso den Fetakäse in Würfel. Spülen Sie die Petersilie ab und hacken Sie sie in feine Stücke.

3 Erhitzen Sie eine Pfanne ohne Fettzugabe, rösten Sie die Mandelsplitter darin an und nehmen Sie sie anschließend wieder heraus.

4 Erhitzen Sie nun in der gleichen Pfanne das Olivenöl und braten Sie nach und nach das vorbereitete Gemüse darin an. Würzen Sie es mit dem Paprikapulver, dem Pfeffer und dem Salz.

5 Verteilen Sie die halbe Menge des Couscous in der Auflaufform und geben dann das Gemüse auf die Oberfläche. Streuen Sie die Petersilie und die Mandelsplitter über das Gemüse und bedecken Sie dann alles mit dem übrigen Couscous. Zum Schluss verteilen Sie den Fetakäse auf dem Auflauf.

6 Überbacken Sie den Auflauf für etwa 25 Minuten im Backofen.

COUSCOUS-MÖHREN-FRIKADELLEN

4 Port.

45 Min.

Einfach

Zutaten

130 g Couscous
250 ml Gemüsebrühe
250 g Möhren
1 Zwiebel
1 Ei
1 EL Quark
1 EL Olivenöl
2 EL Thymian, getrocknet
2 TL Butter
1 TL Currypulver
Pfeffer nach Belieben
Salz nach Belieben

Nährwerte p. P.

253 kcal
40 g Kohlenhydrate
5 g Fett
8 g Eiweiß

1 Füllen Sie die Gemüsebrühe in einen Topf und kochen Sie sie kurz auf. Geben Sie den Couscous dazu und verrühren Sie ihn gründlich in der Brühe. Legen Sie einen Deckel auf und stellen Sie den Topf für etwa 10 Minuten zum Quellen beiseite.

2 Pellen Sie die Zwiebel und schneiden Sie sie in kleine Stücke. Schälen Sie die Möhren und reiben Sie sie mit einer groben Reibe in eine Schüssel.

3 Erhitzen Sie die Butter in einer Pfanne und braten Sie die Zwiebeln darin an. Geben Sie die Möhren dazu und dünsten Sie alles für etwa 3 Minuten an. Würzen Sie die Zutaten mit dem Currypulver, dem Thymian, dem Pfeffer und dem Salz.

4 Geben Sie den aufgequollenen Couscous in eine Schüssel und vermischen Sie das Ei, den Quark und den Pfanneninhalt darin. Formen Sie aus der Masse kleine Frikadellen.

5 Erhitzen Sie das Olivenöl in einer weiteren Pfanne und braten Sie die Couscous-Frikadellen von beiden Seiten kurz an. Heizen Sie den Backofen auf 180 °C mit Ober- und Unterhitze vor und belegen Sie ein Blech mit Backpapier. Verteilen Sie die Frikadellen auf dem Backblech.

6 Garen Sie die Couscous-Frikadellen auf der mittleren Schiene für etwa 15 Minuten.

Beilagen

BATATA CHTITHA |

KARTOFFELN IN SOßE

2 Port.

45 Min.

Leicht

Zutaten

400 g Kartoffeln
2 Knoblauchzehen
320 ml Wasser
2 EL Rapsöl
½ TL Pfeffer
1 TL Paprikapulver
1 TL Tomatenmark
1 TL Chakalaka-Gewürzmischung (Rezept in diesem Kochbuch)
½ TL Salz

Nährwerte p. P.

286 kcal
47 g Kohlenhydrate
7 g Fett
9 g Eiweiß

1 Pellen Sie den Knoblauch und hacken Sie ihn in feine Stücke. Schälen Sie die Kartoffeln und schneiden Sie sie in die Größe von normalen Salzkartoffeln.

2 Erhitzen Sie das Öl in einem Topf und braten Sie den Knoblauch darin an. Würzen Sie ihn mit dem Paprikapulver und gießen Sie anschließend das Wasser dazu.

3 Verrühren Sie das Tomatenmark, die Chakalaka-Gewürzmischung, den Pfeffer und das Salz darin. Geben Sie die Kartoffeln hinein und kochen Sie alles bei mittlerer Temperatur, bis die Kartoffeln gar sind.

GEMÜSE-COUSCOUS

4 Port.

60 Min.

Mittel

Zutaten

250 g Couscous
400 g Fleischtomaten
400 g Kichererbsen aus der Konserve
200 g Süßkartoffeln
200 g Zucchini
200 g Möhren
250 g Rettich, weiß
30 g Butter
2 Stangen Zimt, je ca. 5 cm
1 Staudensellerie
1 Zwiebel
1 EL Honig
1 EL Olivenöl
2 EL Tomatenmark
1 TL Kreuzkümmel, gemahlen
2 TL Ras el-Hanout (Rezept in diesem Kochbuch)
Harissa nach Belieben (Rezept in diesem Kochbuch)
1 Schuss Wasser
Salz nach Belieben

Nährwerte p. P.

528 kcal
84 g Kohlenhydrate
10 g Fett
15 g Eiweiß

1 Schälen Sie die Möhren und die Kartoffeln. Schneiden Sie die Enden des Rettichs und der Zucchini ab. Für diese Speise wird das Gemüse besonders geschnitten. Zunächst schneiden Sie alles in etwa 6 Zentimeter lange Stücke. Anschließend halbieren Sie die Stücke in der Länge. Diese Hälften wiederum werden nun noch einmal diagonal halbiert. Säubern Sie den Sellerie und entfernen Sie die äußeren Stiele. Diese werden nicht benötigt, Sie können sie anderweitig verwenden. Die inneren Stiele schneiden Sie in Stücke und die Blätter hacken Sie grob durch. Pellen Sie die Zwiebel und schneiden Sie sie zur Hälfte durch. Anschließend schneiden Sie sie in Ringe. Geben Sie die Kichererbsen zum Abtropfen in ein Sieb, die Tomaten schneiden Sie in grobe Stücke.

2 Erhitzen Sie das Olivenöl bei mittlerer Temperatur in einem großen Topf und dünsten Sie die Zwiebeln darin glasig an. Würzen Sie sie mit Ras el-Hanout, Kreuzkümmel und Salz nach Belieben. Nun mischen Sie das vorbereitete Gemüse unter die Zwiebeln und fügen das Tomatenmark, den Honig und die Zimtstangen bei. Gießen Sie etwas Wasser in den Topf und verrühren Sie alles miteinander. Legen Sie einen Deckel auf und köcheln Sie die Speise für etwa 30 Minuten.

3 In der Zwischenzeit geben Sie den Couscous in eine Schüssel und gießen heißes Wasser nach Packungsanleitung dazu. Vermischen Sie die Butter und Salz nach Belieben im Couscous. Stellen Sie die Schüssel zugedeckt für 5 Minuten zum Quellen beiseite. Zum Servieren richten Sie den Couscous auf Tellern an und verteilen das Gemüse darauf. Die Zimtstangen entfernen Sie vorher. Servieren Sie das Harissa in einer separaten Schüssel.

BATATA HARRA |

KARTOFFELWÜRFEL

6 Port. 30 Min. Einfach

Zutaten

500 g Kartoffeln
2 Knoblauchzehen
1 EL Zitronensaft
2 EL Olivenöl
½ TL Paprikapulver, edelsüß
½ TL Harissa (Rezept in diesem Kochbuch)
1 TL Petersilie, gehackt
1 Prise Salz

Nährwerte p. P.

123 kcal
16 g Kohlenhydrate
5 g Fett
2 g Eiweiß

1 Schneiden Sie die Kartoffeln ungeschält in mundgerechte Stücke. Kochen Sie sie in Salzwasser für etwa 10 Minuten.

2 In der Zwischenzeit füllen Sie das Olivenöl in eine Schüssel und verrühren es mit dem Zitronensaft, der Harissa, dem Paprikapulver und dem Salz. Pellen Sie den Knoblauch und pressen Sie ihn zur Marinade.

3 Nach der Garzeit gießen Sie die Kartoffeln zum Abtropfen in ein Sieb und anschließend in eine große Schüssel. Geben Sie die Marinade dazu und vermischen Sie die Kartoffeln damit.

4 Heizen Sie den Backofen auf 180 °C mit Umluftfunktion vor und belegen Sie ein Blech mit Backpapier. Verteilen Sie die Kartoffelwürfel auf dem Blech und backen Sie sie für etwa 20 Minuten im Backofen.

5 Zum Servieren richten Sie die Kartoffeln in einer Servierschale an und bestreuen sie mit der Petersilie.

COUSCOUS |

GRUNDREZEPT

4 Port.

30 Min.

Einfach

Zutaten

500 ml Wasser
300 g Couscous
Salz nach Belieben
Gewürze nach Belieben

Nährwerte p. P.

251 kcal
52 g Kohlenhydrate
1 g Fett
7 g Eiweiß

1 Gießen Sie das Wasser in einen Topf, verrühren Sie das Salz darin und kochen Sie es kurz auf. Anschließend nehmen Sie den Topf von der Kochstelle.

2 Geben Sie den Couscous in einen weiteren Topf und füllen Sie das heiße Wasser dazu. Stellen Sie den Topf für etwa 10 Minuten zum Quellen beiseite.

3 Nun lockern Sie den Couscous mit einer Gabel auf. Nach Belieben können Sie nun weitere Gewürze hineinmischen oder aber den Couscous auch so servieren.

Tipp: Statt Wasser können Sie auch eine beliebige Brühe anmischen und aufkochen. Diese gießen Sie dann über den Couscous.

COUSCOUS-TOMATEN |

GEFÜLLTE TOMATEN

4 Port.

60 Min.

Einfach

Zutaten

8 Fleischtomaten
120 g Couscous
160 ml Gemüsebrühe
100 g Fetakäse
½ Bund Petersilie
½ Bund Basilikum
1 EL Olivenöl
1 EL Butter
2 Zweige Thymian
2 Zweige Rosmarin
Pfeffer nach Belieben
Salz nach Belieben

Nährwerte p. P.

271 kcal
29 g Kohlenhydrate
12 g Fett
10 g Eiweiß

1 Gießen Sie die Brühe in einen Topf und kochen Sie sie kurz auf. Geben Sie den Couscous hinein und verrühren Sie alles miteinander. Stellen Sie den Topf zum Quellen beiseite.

2 Heizen Sie den Backofen auf 200 °C mit Umluftfunktion vor und fetten Sie eine Auflaufform ein.

3 Säubern Sie die Tomaten und schneiden Sie den oberen Teil mit dem Stielansatz als Deckel ab. Holen Sie mit einem Löffel die Kerne heraus und würzen Sie die Tomaten von innen mit Salz. Verteilen Sie die Tomaten in der Auflaufform.

4 Spülen Sie die Petersilie und das Basilikum ab und hacken Sie beides in feine Stücke. Die Petersilie stellen Sie beiseite, diese wird zum Garnieren benötigt.

5 Bröseln Sie den Fetakäse in eine Schüssel und vermischen Sie ihn mit der Butter und dem Basilikum. Anschließend verrühren Sie die Mischung im Couscous. Würzen Sie den Couscous nach Belieben mit Pfeffer und Salz.

6 Füllen Sie die Couscous-Mischung in die Tomaten und streuen Sie die Petersilie darüber. Spülen Sie den Rosmarin und den Thymian ab, trocknen Sie die Zweige mit einem Küchentuch und verteilen Sie sie in der Auflaufform. Beträufeln Sie die Tomaten mit dem Olivenöl und garen Sie sie für etwa 25 Minuten im Backofen.

Fingerfood & Snacks

BAGHRIR | NORDAFRIKANISCHE PFANNKUCHEN

3 Port.

50 Min.

Leicht

Zutaten

1 Glas Mehl, Type 550 (etwa 100 g)
2 Gläser Hartweizengrieß (etwa 130 g)
3 ½ Gläser Wasser (etwa 525 ml)
1 EL Backpulver
1 EL Zucker
8 g Hefe
1 TL Salz

Als Beilage:
Obst nach Belieben
Marmelade zum Bestreichen
Honig-Butter-Mischung zum Bestreichen
Zimtzucker nach Belieben

Nährwerte p. 100g

265 kcal
34 g Kohlenhydrate
1 g Fett
29 g Eiweiß

1 Füllen Sie alle Zutaten für den Teig in eine Schüssel und vermischen Sie sie mit einem Handrührgerät. Stellen Sie die Schüssel für 15 Minuten zum Quellen beiseite.

2 Erhitzen Sie eine Pfanne ohne Fettzugabe und geben Sie so viel Teig hinein, bis der Boden bedeckt ist. Wie dick die Pfannkuchen werden sollen, bleibt Ihnen überlassen.

3 Backen Sie den Pfannkuchen, bis sich an der Oberfläche kleine Löcher bilden und er einer Bienenwabe ähnlich wird. Die Unterseite sollte eine leichte Braunfärbung bekommen.

4 Lagern Sie den Pfannkuchen auf einem Teller und verarbeiten Sie den Rest des Teiges ebenso. Anschließend stechen Sie mit einem Glas oder einer nicht zu großen Schüssel runde Baghrir aus.

5 Zum Servieren können Sie die oben angegebenen Beilagen oder Aufstriche reichen. Auch Sahne oder süße Soßen eignen sich.

KARANTETA |

ALGERISCHES NATIONALGERICHT MIT KICHERERBSENMEHL

6 Port.

90 Min.

Leicht

Zutaten

2 Liter Wasser
500 g Kichererbsenmehl
1 EL Kreuzkümmel
1 TL Salz
2 Eier
1 mittlere Tasse Sonnenblumenöl
Harissa nach Belieben (Rezept in diesem Kochbuch)

Nährwerte p. P.

526 kcal
49 g Kohlenhydrate
26 g Fett
19 g Eiweiß

1 Geben Sie alle Zutaten in eine Rührschüssel. Stellen Sie mit einem Handrührgerät eine schaumige Masse her. Das Harissa verwenden Sie nach eigenem Geschmack. Stellen Sie den Teig für 30 Minuten beiseite.

2 Heizen Sie den Backofen auf 180 °C mit Umluftfunktion vor. Gießen Sie den Teig in eine Fettpfanne mit einem hohen Rand. Backen Sie die Speise für etwa 40 Minuten im Backofen.

3 Das Karanteta ist durchgegart, wenn der Teig eine goldbraune Oberfläche erhalten hat und komplett gestockt ist.

Tipp: Karanteta können Sie einfrieren, falls die Menge zu groß geworden ist. Als Beilage eignen sich Salat, Baguette und Harissa als Dip.

MAHAJP |

GEFÜLLTE TEIGTASCHEN

6 Port. 240 Min. Mittel

Zutaten

1 kg Mehl
100 g Smen (Rezept in diesem Kochbuch)
2 Knoblauchzehen
1 Bund Frühlingszwiebeln
2 Tomaten
1 Dose Tomaten
1 TL Harissa (Rezept in diesem Kochbuch)
1 TL Rapsöl
1 EL Salz
1 Prise Kreuzkümmel
1 Prise Pfeffer
etwas Wasser, lauwarm

Nährwerte p. 100g

320 kcal
66 g Kohlenhydrate
1 g Fett
10 g Eiweiß

1 Sieben Sie das Mehl in eine Rührschüssel und vermischen Sie das Salz darin. Verkneten Sie nun so viel warmes Wasser im Mehl, bis der Teig nicht mehr klebt. Formen Sie aus dem Teig einen runden Laib und decken Sie ihn mit Frischhaltefolie ab. Stellen Sie ihn für 30 Minuten zum Ruhen beiseite.

2 In der Zwischenzeit säubern Sie die Frühlingszwiebeln und schneiden sie in kleine Stücke. Schneiden Sie die frischen Tomaten wie auch jene aus der Dose in Würfel. Pellen Sie den Knoblauch und schneiden Sie ihn in kleine Stücke. Erhitzen Sie das Öl in einem Topf und dünsten Sie die Frühlingszwiebeln glasig an. Geben Sie die Tomatenwürfel und den Knoblauch dazu und vermischen Sie alles miteinander. Würzen Sie die Zutaten mit dem Salz, dem Pfeffer, dem Kreuzkümmel und der Harissa. Köcheln Sie die Füllung für wenige Minuten bei niedriger Temperatur.

3 Formen Sie aus dem Teig kleine Kugeln, die in etwa die Größe einer Mandarine haben. Decken Sie sie wieder mit der Frischhaltefolie ab und stellen Sie sie für 30 Minuten beiseite. Bereiten Sie eine bemehlte Arbeitsfläche vor und rollen Sie jede einzelne Teigkugel dünn aus. Reiben Sie die ausgerollten Teigstücke mit Smen ein und geben Sie je 1 bis 2 Esslöffel der Tomatenfüllung in die Mitte eines jeden Teigstückes. Verteilen Sie die Füllung und klappen Sie die Teigränder nach innen um, sodass Sie ein Rechteck erhalten.

4 Erhitzen Sie eine kleine Menge Öl in einer Pfanne und braten Sie die Teigstücke von beiden Seiten, bis sie eine hellbraune Färbung annehmen.

MERGUEZ-WURST |

LAMMWURST

20 Stk. 60 Min. Mittel

Zutaten

1 kg Lammhackfleisch
1 g Knoblauchpulver
1 g Chilipulver
1 g Macis (Muskatblüte)
1 g Kreuzkümmel
3 g Paprikapulver, edelsüß
2 g Rosmarin, gemahlen
3 g Pfeffer, gemahlen
16 g Salz

Sie benötigen außerdem einen Schafsdarm

Nährwerte p. Stk.

49 kcal
0 g Kohlenhydrate
1 g Fett
9 g Eiweiß

1 Gießen Sie etwas warmes Wasser in eine Schüssel und weichen Sie den Schafsdarm darin ein. So wird er elastischer und kann leichter befüllt werden.

2 Geben Sie das Hackfleisch in eine Schüssel und vermischen Sie alle Gewürze sorgfältig darin.

3 Nun füllen Sie die Hackmasse in eine Wurstspritze oder eine Tülle. Setzen Sie den Darm auf und drücken Sie nach Belieben die Hackmasse in den Darm. Ist die Wurst groß genug, drehen Sie sie einige Male um sich selbst und schneiden das Ende ab.

4 Nun können Sie die Bratwurst wie gewohnt in der Pfanne zubereiten.

MAKROUDH | GRIEẞKEKSE

10 Port.

70 Min.

Mittel

Zutaten

1 kg Weichweizengrieß
500 g Dattelpaste (Rezept in diesem Kochbuch)
350 g Butter, zerlassen
Orangenblütenwasser
etwas Wasser
Zimt nach Belieben
1 TL Salz
Honig nach Belieben

Nährwerte p. P.

747 kcal
102 g Kohlenhydrate
30 g Fett
11 g Eiwei

1 Geben Sie den Grieß in eine Schüssel und vermischen Sie ihn mit dem Salz. Bilden Sie in der Mitte eine Mulde und füllen Sie 300 g der zerlassenen Butter hinein. Vermengen Sie die Zutaten sorgfältig und stellen Sie den Teig für 15 Minuten zum Ruhen beiseite. Verrühren Sie eine kleine Menge Wasser mit der gleichen Menge Orangenblütenwasser und verkneten Sie die Flüssigkeit nach und nach im Grießteig. Es soll eine gut formbare Masse entstehen.

2 Sollte die Dattelpaste zu fest sein, erwärmen Sie sie kurz in der Mikrowelle. Anschließend verrühren Sie sie mit der übrigen zerlassenen Butter und würzen sie mit etwas Zimt. Geben Sie auch hier eine kleine Menge Orangenblütenwasser dazu. Heizen Sie den Backofen auf 180 °C mit Ober- und Unterhitze vor und belegen Sie ein Blech mit Backpapier.

3 Entnehmen Sie kleine Stücke vom Grießteig und formen Sie sie zu Rollen. Drücken Sie diese etwas platt. Nun nehmen Sie eine entsprechende Menge der Dattelpaste, formen auch diese zu einer Rolle und legen sie auf die platt gedrückten Grießteigstücke. Formen Sie den Grießteig über die Füllung und rollen Sie ihn wieder rund. Nun drücken Sie die Rolle wieder flach und wenn Sie möchten, können Sie jetzt das typische Muster hineindrücken. Dafür gibt es eine spezielle Makroudhform.

4 Anschließend schneiden Sie rautenförmige Kekse aus und verteilen sie auf dem Blech. Backen Sie die Kekse, bis sie eine goldbraune Oberfläche erhalten. Damit auch die untere Seite goldbraun wird, wenden Sie sie zwischendurch einmal. Nach dem Backen beträufeln Sie die Kekse mit Orangenblütenwasser. Sie können auch Honig oder einen Zuckersirup dafür verwenden.

BENJIE | TEIGBÄLLCHEN

8 Port.

30 Min.

Einfach

Zutaten

1 kg Mehl
250 g Butter, weich
250 g Zucker
100 g Kokosraspeln
100 ml Milch
2 Eier
1 Pck. Backpulver
3 Pck. Vanillezucker
¼ TL Muskatnuss
1 Liter Öl zum Frittieren

Nährwerte p. 100g

586 kcal
37 g Kohlenhydrate
48 g Fett
4 g Eiweiß

1 Füllen Sie das Mehl in eine Rührschüssel und vermischen Sie es mit dem Zucker, den Kokosraspeln, dem Backpulver, dem Vanillezucker und der Muskatnuss. Schlagen Sie die Eier hinein, gießen Sie die Milch dazu und fügen Sie die Butter bei.

2 Verrühren Sie die Zutaten mit einem Mixer. Anschließend kneten Sie aus den Zutaten einen Teig.

3 Erhitzen Sie das Öl in einem großen Topf. Entnehmen Sie kleine Mengen vom Teig und formen Sie sie zu einer Kugel. Frittieren Sie die Teigkugeln im heißen Öl, bis sie eine goldgelbe Farbe annehmen. Geben Sie die Teigbällchen zum Entfetten auf ein Stück Küchenpapier.

GERÖSTETE KICHERERBSEN

2 Port.

60 Min.

Einfach

Zutaten

1 Dose Kichererbsen
1 TL Salz
2 EL Olivenöl

Nährwerte p. 100g

221 kcal
29 g Kohlenhydrate
5 g Fett
10 g Eiweiß

1 Heizen Sie den Backofen auf 200 °C mit Umluftfunktion vor und belegen Sie ein Blech mit Backpapier. Geben Sie die Kichererbsen zum Abtropfen in ein Sieb.

2 Füllen Sie die Kichererbsen in eine Schüssel und vermischen Sie sie mit dem Öl. Verteilen Sie sie auf dem Blech und backen Sie sie im Backofen, bis sie knusprig werden. Wenden Sie die Kichererbsen im 10-Minuten-Intervall, damit sie gleichmäßig bräunen.

3 Nehmen Sie die Kichererbsen aus dem Ofen und geben Sie sie in eine Schüssel. Würzen Sie sie nach Belieben mit Salz.

Tipp: : Sie können nach Belieben auch andere Gewürze wie Curry, Paprikapulver oder Ähnliches verwenden.

Desserts & Kuchen

COUSCOUS MIT APRIKOSEN

4 Port.

20 Min.

Einfach

Zutaten

1 kg Joghurt
400 g Couscous, instant
250 g Aprikosen, getrocknet
Zucker nach Belieben
Zimt nach Belieben

Nährwerte p. P.

548 kcal
87 g Kohlenhydrate
11 g Fett
22 g Eiweiß

1 Bereiten Sie den Couscous nach Packungsanweisung zu.

2 Geben Sie die Aprikosen in eine Schüssel und übergießen Sie sie mit heißem Wasser. Nach 5 Minuten schrecken Sie sie ab und schneiden sie in kleine Würfel.

3 Füllen Sie den Joghurt in eine Schüssel und vermischen Sie ihn mit den Aprikosenwürfeln. Würzen Sie die Zutaten nach Belieben mit Zucker.

4 Verteilen Sie den Couscous in Dessertgläsern oder -schüsseln, bilden Sie in der Mitte eine Mulde und füllen Sie den Joghurt in diese. Bestreuen Sie die Speise nach Belieben mit Zimt und Zucker.

Tipp: Sie können den Couscous und den Joghurt auch miteinander vermischen und dann die Speise in Dessertgläser füllen.

MANDELSCHNITTEN

2 Bleche

90 Min.

Einfach

Zutaten

285 g Zucker
700 g Mandeln, gemahlen
125 g Puderzucker
125 ml Wasser
8 EL Orangenlikör
1 Zitrone, die abgeriebene Schale
2 Eier

Nährwerte p. 100g

500 kcal
37 g Kohlenhydrate
32 g Fett
13 g Eiweiß

1 Füllen Sie die geriebenen Mandeln in eine Schüssel und vermischen Sie sie mit 225 g des Zuckers, der Zitronenschale und den Eiern zu einem geschmeidigen Teig. Formen Sie aus dem Teig eine etwa 2 Zentimeter dicke Rolle und drücken Sie sie etwas flach. Schneiden Sie sie nun in schräge Scheiben mit einer Breite von etwa 5 Zentimetern.

2 Heizen Sie den Backofen auf 175 °C mit Umluftfunktion vor und belegen Sie 2 Bleche mit Backpapier. Verteilen Sie die Teigscheiben darauf und backen Sie die Kekse für etwa 15 Minuten. Anschließend stellen Sie die Bleche zum Abkühlen beiseite.

3 In der Zwischenzeit füllen Sie das Wasser und den übrigen Zucker in einen Topf und kochen es einmal auf. Stellen Sie den Topf zum Abkühlen beiseite.

4 Nach dem Abkühlen verrühren Sie den Orangenlikör im Zuckerwasser. Wenden Sie die abgekühlten Kekse in der Flüssigkeit und bestäuben Sie sie mit dem Puderzucker.

GAZELLENHÖRNCHEN

16 Stk.

90 Min.

Einfach

Zutaten

Füllung:
100 g Zucker
200 g Mandeln ohne Haut
2 EL Orangenblütenwasser
½ TL Zimt

Teig:
200 g Mehl
150 ml Orangenblütenwasser (evtl. etwas mehr)
2 EL Sonnenblumenöl
1 Prise Salz
Puderzucker nach Belieben

Nährwerte p. Stk.

169 kcal
18 g Kohlenhydrate
9 g Fett
4 g Eiweiß

1 Zunächst zermahlen Sie die Mandeln mit einem Mörser oder einem elektrischen Multizerkleinerer. Sie können auch eine Handreibe verwenden, allerdings ist dies sehr aufwendig. Füllen Sie die gemahlenen Mandeln in eine Rührschüssel und vermischen Sie sie mit dem Zucker, dem Zimt und dem Orangenblütenwasser. Beim Kneten wird die Füllung noch feuchter, was mit den austretenden Ölen der Mandeln zusammenhängt.

2 Nun bereiten Sie den Teig vor. Geben Sie das Mehl in eine Rührschüssel und vermischen Sie es mit dem Salz und dem Sonnenblumenöl. Fügen Sie das Orangenblütenwasser bei und verarbeiten Sie die Zutaten zu einem weichen und elastischen Teig. Unter Umständen müssen Sie noch etwas Organgenblütenwasser zufügen. Bestäuben Sie eine Arbeitsplatte mit Mehl und rollen Sie darauf den Teig dünn aus. Schneiden Sie 16 Quadrate mit einer Größe von etwa 8 x 8 Zentimetern aus. Heizen Sie den Backofen auf 180 °C mit Umluftfunktion vor und belegen Sie ein Blech mit Backpapier.

3 Formen Sie aus der Füllung 16 Kugeln. Rollen Sie die Kugeln zu „Würsten“ aus, wobei die Enden dünn zulaufen sollen. Setzen Sie je eine „Wurst“ auf die Teigquadrate, etwa 3 Zentimeter vom Rand entfernt. Nun wickeln Sie die Quadrate um die Füllung herum auf. Biegen Sie jede Rolle zu einem Hörnchen und verteilen Sie sie auf dem Blech. Backen Sie die Hörnchen für etwa 30 Minuten im Backofen, bis sie eine goldbraune Farbe angenommen haben.

4 Zum Servieren bestreuen Sie die Gazellenhörnchen mit Puderzucker.

FRÜCHTE-KOMPOTT

4 Port.

90 Min.

Einfach

Zutaten

200 g Sahne
200 g Rohrzucker
100 g Kirschen, getrocknet
100 g Pflaumen, getrocknet
100 g Aprikosen, getrocknet
75 g Rosinen
1 Limette
8 Datteln, getrocknet
4 Feigen, getrocknet
1 EL Orangenblütenwasser
1 EL Pistazien, gehackt
1 EL Pinienkerne
1 Liter Wasser

Nährwerte p. P.

580 kcal
94 g Kohlenhydrate
19 g Fett
4 g Eiweiß

1 Geben Sie die Pflaumen, die Aprikosen, die Datteln und die Feigen in ein Sieb und spülen Sie sie gründlich ab. Anschließend schneiden Sie die Früchte in kleine Stücke.

2 Geben Sie nun die Rosinen und die Kirschen in ein Sieb und spülen Sie sie ebenfalls ab. Diese Früchte belassen Sie ganz.

3 Gießen Sie das Wasser in einen Topf und verrühren Sie den Zucker darin. Pressen Sie die Limette aus und geben den Saft zum Zuckerwasser. Vermischen Sie die vorbereiteten Früchte in der Flüssigkeit und kochen Sie sie kurz auf. Köcheln Sie die Zutaten für etwa 5 Minuten bei niedriger Temperatur. Anschließend füllen Sie den Topfinhalt in eine Schüssel und stellen sie zum Abkühlen beiseite.

4 Verrühren Sie das Orangenblütenwasser und die Pinienkerne im Kompott, decken Sie die Schüssel ab und stellen Sie sie für 1 Stunde in den Kühlschrank.

5 Kurz vor dem Servieren schlagen Sie die Sahne steif. Verteilen Sie das Kompott auf 4 Dessertgläser und richten Sie es mit Sahne und den gehackten Pistazien an.

SBAA LAAROUSSA |

HONIGKRAPFEN

4 Port. 60 Min. Einfach

Zutaten

200 g Zucker
250 g Butter, weich
1 TL Backpulver
4 Eier
2 Zitronen, die Schale davon
Mehl nach Bedarf
Öl zum Frittieren
Sesam, geröstet, zum Bestreuen
Honig mit Orangenblütenwasser gemischt zum Eintauchen

Nährwerte p. P.

827 kcal
66 g Kohlenhydrate
59 g Fett
7 g Eiweiß

1 Geben Sie den Zucker, die Butter und die Eier in eine Rührschüssel und verrühren Sie alle Zutaten zu einer glatten Creme. Reiben Sie die Zitronenschale ab und vermischen Sie sie in der Creme. Anschließend heben Sie das Backpulver unter die Masse.

2 Nun rühren Sie so viel Mehl in die Creme, bis ein weicher Teig entstanden ist. Entnehmen Sie dem Teig kleine Kugeln von etwa 25 Gramm und formen Sie sie in eine Dattelform.

3 Erhitzen Sie eine ausreichende Menge Öl in einer Pfanne oder einem Topf. Frittieren Sie die Teigdatteln, bis sie eine goldbraune Farbe angenommen haben. Lagern Sie sie auf einem Stück Küchenpapier zum Entfetten.

4 Verrühren Sie eine beliebige Menge Honig mit Orangenblütenwasser nach Geschmack. Tauchen Sie die frittierten Teigstücke in den Honig, lassen Sie sie etwas Abtropfen und bestreuen Sie sie anschließend mit dem Sesam.

HALWA BEL DJELDJELENE |

ALGERISCHE SÜẞSPEISE

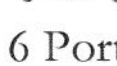
6 Port. 60 Min. Einfach

Zutaten

1 kg Erdnüsse
6 Eiweiße
150 g Butter, zerlassen
125 g Zucker
1 Pck. Vanillezucker
1 Pck. Backpulver
Sesam zum Bestreuen
Honig zum Begießen

Nährwerte p. P.

1.409 kcal
56 g Kohlenhydrate
106 g Fett
49 g Eiweiß

1 Heizen Sie den Backofen auf 180 °C mit Umluftfunktion vor und fetten Sie eine Auflaufform ein.

2 Geben Sie die Erdnüsse in einen Multizerkleinerer und zermahlen Sie sie möglichst fein. Füllen Sie sie in eine Rührschüssel und vermischen Sie die Erdnüsse mit der Butter, dem Zucker, dem Backpulver und dem Vanillezucker. Schlagen Sie das Eiweiß zu einem steifen Schnee und heben Sie es unter die Masse.

3 Füllen Sie die Erdnussmasse in die Auflaufform und backen Sie sie für 40 bis 45 Minuten. Nach der Backzeit schneiden Sie den Kuchen sofort in nicht zu große Stücke.

4 Erwärmen Sie den Honig in einem Topf und gießen Sie ihn über den noch heißen Kuchen. Zum Schluss streuen Sie den Sesam darüber.

BASBOUSA |

ALGERISCHER GRIEẞKUCHEN

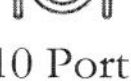

10 Port. 340 Min. Einfach

Zutaten

400 g Hartweizengrieß, grob
250 g Joghurt, natur
100 g Kokosraspeln
200 g Butter
90 g Zucker
2 Eier
2 TL Backpulver
1 Pck. Vanillezucker
1 Prise Salz
Mandeln zur Dekoration

Zuckersirup:
400 ml Wasser
400 g Zucker
1 EL Zitronensaft
2 EL Orangenblütenwasser

Nährwerte p. P.

583 kcal
81 g Kohlenhydrate
25 g Fett
7 g Eiweiß

1 Zunächst bereiten Sie den Sirup zu. Gießen Sie das Wasser in einen Topf und verrühren Sie den Zucker darin. Kochen Sie die Flüssigkeit auf und vermischen Sie dann den Zitronensaft und das Orangenblütenwasser darin. Stellen Sie den Topf zum Abkühlen beiseite.

2 Füllen Sie den Grieß, die Kokosraspeln, das Backpulver, den Zucker, den Vanillezucker und das Salz in eine Rührschüssel und vermischen Sie alle Zutaten miteinander. Geben Sie nun die Eier einzeln dazu und rühren dann den Joghurt und die Butter unter.

3 Fetten Sie eine flache Backform ein, füllen den Teig hinein und streichen ihn glatt. Stellen Sie die Form für 1 Stunde in den Kühlschrank. Anschließend schneiden Sie den Teig in kleine Quadrate und dekorieren sie mit jeweils einer Mandel.

4 Heizen Sie den Backofen auf 170 °C mit Ober- und Unterhitze vor und backen Sie den Teig für etwa 30 bis 35 Minuten, bis er eine goldbraune Oberfläche bekommt.

5 Nach der Backzeit gießen Sie sofort den kalten Zuckersirup über den Kuchen. Nach dem Abkühlen stellen Sie den Kuchen für mindestens 4 Stunden in den Kühlschrank. Sie können ihn gekühlt mehrere Tage aufbewahren.

GATEAUX DE BIMO |

ALGERISCHES KONFEKT

4 Port.

45 Min.

Einfach

Zutaten

100 g Blockschokolade nach Wahl
50 g Honig
50 g Mandeln, gemahlen
1 Pck. Butterkekse
1 EL Butter

Nährwerte p. P.

580 kcal
64 g Kohlenhydrate
32 g Fett
9 g Eiweiß

1 Füllen Sie die Butterkekse in einen Gefrierbeutel und zerkleinern Sie sie mithilfe eines Teigrollers.

2 Geben Sie die zerkleinerten Butterkekse in eine Rührschüssel und vermischen Sie sie mit dem Honig, der Butter und den Mandeln. Formen Sie aus dem Teig kleine Kugeln.

3 Schmelzen Sie die Schokolade bei niedriger Temperatur in einem Topf. Tauchen Sie jede Teigkugel in die Schokolade und legen Sie sie zum Abtropfen auf ein Kuchengitter. Stellen Sie das Konfekt zum Abkühlen beiseite.

BOUSSOU LA TMESSOU |

ALGERISCHE KEKSE

4 Port.

45 Min.

Einfach

Zutaten

210 g Mehl
130 g Butter, weich
35 g Puderzucker
1 EL Vanillepaste
Orangenblütenwasser zum Eintauchen
Puderzucker zum Wälzen

Nährwerte p. P.

466 kcal
49 g Kohlenhydrate
27 g Fett
5 g Eiweiß

1 Heizen Sie den Backofen auf 170 °C mit Ober- und Unterhitze vor und belegen Sie ein Blech mit Backpapier.

2 Geben Sie die Butter und die Vanillepaste in eine Schüssel und schlagen Sie sie mit einem Mixer zu einer cremigen Masse. Geben Sie das Mehl und den Puderzucker dazu und verkneten Sie alles zu einem geschmeidigen Teig. Formen Sie etwa 18 kleine Kugeln daraus und verteilen Sie sie auf dem Backblech.

3 Backen Sie die Kekse für etwa 18 Minuten im Backofen. Achten Sie auf die Bräunung, sie sollten relativ hell bleiben. Stellen Sie sie zum Abkühlen beiseite.

4 Anschließend tauchen Sie jede Kugel kurz in das Orangenblütenwasser und wälzen sie dann im Puderzucker.

Getränke

CHERBET |

ZITRONENLIMONADE

6 Port.

60 Min.

Leicht

Zutaten

2 Liter Wasser
4 Zitronen
3 EL Milch
3 EL Orangenblüten-wasser
150 g Zucker

Nährwerte p. P.

114 kcal
27 g Kohlenhydrate
1 g Fett
1 g Eiweiß

1 Schneiden Sie eine Zitrone in Scheiben und legen Sie sie in eine hitzebeständige Schüssel. Die anderen 3 Zitronen pressen Sie aus. Entnehmen Sie 500 ml von der Wassermenge und gießen Sie sie in einen Topf. Kochen Sie das Wasser kurz auf und geben es dann über die Zitronenscheiben. Stellen Sie die Schüssel zum Abkühlen beiseite.

2 Geben Sie den Zitronensaft in eine weitere Schüssel und vermischen Sie ihn mit dem Zucker, dem Orangenblütenwasser und der Milch. Gießen Sie das übrige Wasser hinzu und auch das Zitronenwasser, wenn es bereits erkaltet ist. Verrühren Sie die Flüssigkeit gründlich und süßen Sie gegebenenfalls noch einmal nach.

3 Füllen Sie die fertige Limonade in eine Karaffe und stellen Sie sie bis zum Verzehr in den Kühlschrank.

Soßen, Aufstriche, Cremes & Dips

SMEN |

BUTTER DES MAGHREB

10 Port.

80 Min. + mind. 1 Woche Ruhezeit (Kühlschrank)

Leicht

Zutaten

1 kg Butter
2 EL Meersalz, grob
6 EL Thymian oder Oregano, getrocknet

Nährwerte p. 100g

741 kcal
1 g Kohlenhydrate
83 g Fett
1 g Eiweiß

1 Geben Sie die Butter in einen Topf und zerlassen Sie sie bei niedriger Temperatur. Anschließend verrühren Sie das Salz darin.

2 Füllen Sie den Thymian oder den Oregano in einen kochfesten Beutel und hängen Sie ihn in die Butter. Belassen Sie den Kräuterbeutel für etwa 30 Minuten in der Butter. Entfernen Sie zwischendurch entstehenden Schaum von der Oberfläche.

3 Gießen Sie die Butter durch ein sauberes Tuch in eine Schüssel. Anschließend füllen Sie sie in ein heiß ausgespültes Schraubglas und stellen sie zum Abkühlen beiseite.

4 Nach dem Abkühlen stellen Sie die Butter für mindestens 1 Woche, besser für 2 Wochen, in den Kühlschrank, damit sich ein kräftiges Aroma entwickeln kann.

Tipp: Die selbst zubereitete Smen ist bis zu 6 Monate haltbar. Sie können sie für Gemüsegerichte oder Fleisch anwenden. Auch bei einigen Backwaren wird Smen verwendet.

ALGERISCHE KRABBENSOẞE

2 Port.

10 Min.

Leicht

Zutaten

40 g Krabbenfleisch
4 Scheiben Sellerie
8 EL Mayonnaise
Cayennepfeffer nach Belieben
Salz nach Belieben

Nährwerte p. P.

630 kcal
4 g Kohlenhydrate
66 g Fett
6 g Eiweiß

1 Schneiden Sie die Selleriescheiben in kleine Würfel. Zerkleinern Sie das Krabbenfleisch ebenso.

2 Geben Sie die Mayonnaise in eine Schüssel und vermischen Sie sie mit den Selleriewürfeln und dem Krabbenfleisch. Würzen Sie nach Belieben mit Cayennepfeffer und Salz.

DATTEL-HARISSA-DIP

2 Port.

50 Min.

Leicht

Zutaten

200 g Frischkäse
100 g Schmand
85 g Medjoul-Datteln
2 Knoblauchzehen
3 Frühlingszwiebeln
1 TL Harissa (Rezept in diesem Kochbuch)
1 Prise Paprikapulver, edelsüß
1 Prise Pfeffer
1 Prise Salz

Nährwerte p. P.

514 kcal
37 g Kohlenhydrate
23 g Fett
38 g Eiweiß

1 Säubern Sie die Frühlingszwiebeln und schneiden Sie sie in dünne Scheiben. Pellen Sie den Knoblauch und pressen Sie ihn in ein kleines Schälchen. Schneiden Sie die Datteln in kleine Stücke.

2 Füllen Sie den Frischkäse, das Harissa und den Schmand in eine Schüssel und verrühren Sie alles miteinander. Geben Sie den Knoblauch, die Dattelstücke und die Frühlingszwiebelscheiben dazu und vermengen Sie die Zutaten sorgfältig in der Creme.

3 Zum Schluss würzen Sie den Dip nach Belieben mit Salz und Pfeffer. Zum Servieren streuen Sie das Paprikapulver auf die Oberfläche.

DATTEL-PASTE

1 Glas

30 Min.

Leicht

Zutaten

300 g Medjoul-Datteln
Zitronensaft, Menge nach gewünschtem Geschmack
Wasser, Menge nach gewünschter Konsistenz

Nährwerte p. 100g

287 kcal
64 g Kohlenhydrate
1 g Fett
2 g Eiweiß

1 Bei der genannten Dattelsorte handelt es sich um eine besonders saftige. Sollten Sie andere Datteln verwenden, was durchaus möglich ist, empfiehlt es sich, diese vor der Verwendung für etwa 2 Stunden in Wasser einzuweichen. Das Einweichwasser können Sie dann für die Herstellung der Paste verwenden.

2 Entfernen Sie die Steine aus den Datteln und geben Sie sie mit einer kleinen Menge Zitronensaft und einer ebenso kleinen Menge Wasser in einen Multizerkleinerer. Bleiben Sie anfangs mit dem Wasser sparsam, Sie können immer noch etwas zufügen.

3 Verarbeiten Sie die Datteln zu einer cremigen Masse. Füllen Sie sie in ein gut verschließbares Glas um. Sie können die Dattelpaste für mehrere Wochen im Kühlschrank lagern.

Tipp: Dattelpaste eignet sich als Süßungsmittel, Sie können sie aber auch als Brotaufstrich verwenden. Für den eigenen Geschmack können Sie auch andere Gewürze zufügen. Zum Beispiel eignet sich Kakaopulver gut, wenn die Paste als Aufstrich verwendet werden soll.

Algerische Gewürzmischungen

CHAKALAKA |

AFRIKANISCHE GEWÜRZMISCHUNG

Mehrere

30 Min.

Leicht

Zutaten

20 Stck. Tomaten, getrocknet (keine eingelegten)
4 EL Zwiebeln, getrocknet
3 EL Chilifäden
4 EL Röstzwiebeln
1 EL Paprikapulver, rosenscharf
1 EL Paprikapulver, edelsüß
8 EL Suppengrün, getrocknet

Nährwerte p. 100g

185 kcal
21 g Kohlenhydrate
5 g Fett
9 g Eiweiß

1 Schneiden Sie die getrockneten Tomaten in sehr kleine Würfel. Geben Sie sie mit dem Suppengrün, den Zwiebeln und den Röstzwiebeln in einen Multizerkleinerer und zermahlen Sie alles zu einem feinen Pulver.

2 Fügen Sie nun beide Paprikasorten und die Chilifäden hinzu und vermixen alle Zutaten kurz miteinander.

3 Füllen Sie die Gewürzmischung in ein Schraubglas und lagern Sie es an einem kühlen Ort.

Tipp: Diese Gewürzmischung eignet sich für Fleisch, Gemüse, Suppen und Soßen.

HARISSA |
AFRIKANISCHE GEWÜRZPASTE

Mehrere

30 Min.

Leicht

Zutaten

4 Chilischoten
4 Knoblauchzehen
2 TL Kümmel
1 TL Salz
4 TL Koriandersamen
4 TL Tomatenmark
2 EL Olivenöl
etwas Wasser
Olivenöl zum Bedecken

Nährwerte p. 100g

202 kcal
14 g Kohlenhydrate
14 g Fett
4 g Eiweiß

1 Geben Sie den Kümmel und den Koriander in einen Mörser und zermahlen Sie beides zu einem feinen Pulver.

2 Pellen Sie den Knoblauch und zerkleinern Sie ihn grob. Säubern Sie die Chilischoten und schneiden Sie sie in kleine Stücke. Geben Sie den Knoblauch, die Chilis, das Olivenöl, die zermahlenen Gewürze, das Salz, das Tomatenmark und eine kleine Menge Wasser in einen Multizerkleinerer. Vermixen Sie alle Zutaten zu einer geschmeidigen Paste. Sie soll etwa die Konsistenz von Tomatenmark bekommen. Geben Sie etwas Wasser zu, falls die Paste zu dick geworden ist.

3 Füllen Sie das Harissa in ein Schraubglas und geben Sie so viel Olivenöl auf die Oberfläche, bis diese bedeckt ist.

Tipp: Das Harissa ist bis zu 2 Monate im Kühlschrank haltbar. Geben Sie etwas Olivenöl auf die Oberfläche, wenn Sie etwas von der Gewürzpaste entnommen haben.

RAS EL-HANOUT |

AFRIKANISCHE GEWÜRZMISCHUNG

500g

30 Min.

Leicht

Zutaten

1 g Safranfäden
10 g Rosenblütenblätter
7 g Chili, geschrotet
85 g Koriandersaat
70 g Kubebenpfeffer, ganze Körner
70 g Pfeffer, schwarz, ganze Körner
2 g Nelken
14 g Muskatblüten
85 g Koriandersaat
1 g Lorbeerblätter
85 g Kurkuma, gemahlen
40 g Ingwer, gemahlen
40 g Kreuzkümmel, gemahlen
70 g Zimt, gemahlen

Nährwerte p. 100g

338 kcal
47 g Kohlenhydrate
10 g Fett
10 g Eiweiß

1 Vermischen Sie die Safranfäden und die Rosenblütenblätter. Anschließend vermengen Sie beides in den gemahlenen Gewürzen.

2 Erhitzen Sie eine Pfanne ohne Fettzugabe und rösten Sie alle anderen Gewürze darin kurz an. Nun geben Sie sie in einen Mörser und zerstoßen alles zu einem feinen Pulver.

3 Vermischen Sie nun den Mörserinhalt mit den gemahlenen Gewürzen. Füllen Sie die Gewürzmischung in ein gut verschließbares Gefäß.

PERI-PERI |

AFRIKANISCHE GEWÜRZMISCHUNG

1 Schraubglas

30 Min.

Leicht

Zutaten

3 EL Berberitzen
3 EL Meersalz
3 EL Paprikapulver, edelsüß
4 EL Zwiebeln, getrocknet
1 EL Chiliflocken
1 EL Paprikapulver, rosenscharf
1 EL Knoblauchpulver
½ EL Zitronenschale, getrocknet

Nährwerte p. 100g

223 kcal
28 g Kohlenhydrate
5 g Fett
9 g Eiweiß

1 Geben Sie die Berberitzen in einen Multizerkleinerer und zermahlen Sie sie zu einem feinen Pulver.

2 Fügen Sie dann die Zwiebeln, die Chiliflocken und den Knoblauch dazu und vermixen Sie alles miteinander.

3 Zum Schluss geben Sie die restlichen Gewürze in den Multizerkleinerer und mahlen alle Zutaten noch einmal kurz durch.

4 Füllen Sie die Gewürzmischung in ein gut verschließbares Gefäß und bewahren Sie es an einem kühlen Ort auf.

Tipp: Diese Gewürzmischung kann zum Würzen von Fleisch und Fisch verwendet werden.

NORDAFRIKANISCHE GEWÜRZMISCHUNG

2 Port.

15 Min.

Leicht

Zutaten

2 TL Kreuzkümmel
1 TL Kurkuma
1 TL Fenchelsamen
1 TL Paprikapulver
1 TL Pfefferkörner, schwarz
1 TL Korianderkörner
1 TL Kardamom
1 TL Senfkörner
½ TL Meersalz
½ TL Zimt
½ TL Cayennepfeffer

Nährwerte p. P.

57 kcal
7 g Kohlenhydrate
2 g Fett
2 g Eiweiß

1 Erhitzen Sie eine Pfanne ohne Fettzugabe und rösten Sie darin die Pfefferkörner, die Korianderkörner, die Fenchelsamen, den Kardamom, die Senfkörner und den Kreuzkümmel kurz an.

2 Nach kurzem Abkühlen geben Sie die Gewürze aus der Pfanne in einen Multizerkleinerer und zermahlen alles zu einem feinen Pulver.

3 Anschließend fügen Sie die restlichen Gewürze dazu und vermixen noch einmal alles kurz miteinander.

4 Füllen Sie die Gewürzmischung in ein luftdicht verschließbares Gefäß um.

Tipp: Sie können diese Gewürzmischung für Couscous, Suppen, Soßen, Fisch und in Eintöpfen verwenden.

DUKKAH |

NORDAFRIKANISCHE GEWÜRZMISCHUNG

4 Port.

80 Min.

Leicht

Zutaten

150 g Haselnüsse
7 EL Koriandersamen
5 EL Sesamsamen
4 EL Sonnenblumensamen
2 EL Fenchelsamen
2 EL Pfefferkörner, schwarz
1 EL Schwarzkümmelsamen
1 EL Kreuzkümmelsamen
3 TL Meersalz
2 TL Chiliflocken
2 TL Thymian, getrocknet
1 TL Paprikapulver, edelsüß
1 TL Anissamen

Nährwerte p. P.

275 kcal
11 g Kohlenhydrate
20 g Fett
12 g Eiweiß

1 Erhitzen Sie eine Pfanne ohne Fettzugabe und rösten Sie zunächst die Haselnüsse für 10 bis 15 Minuten an. Nach kurzem Abkühlen wickeln Sie die Nüsse in ein sauberes Tuch und entfernen durch Reiben die braune Haut.

2 Nun rösten Sie nacheinander für je etwa 5 Minuten die Pfefferkörner, die Kreuzkümmelsamen, die Fenchelsamen, die Sonnenblumensamen, die Sesamsamen, die Koriandersamen und die Anissamen, bis sie einen angenehmen Duft ausströmen. Zum Schluss rösten Sie die Chiliflocken kurz an.

3 Nun geben Sie die Gewürze einzeln nacheinander in einen Mörser und verarbeiten sie zu einem feinen Pulver. Anschließend füllen Sie die gemahlenen Gewürze in eine Schüssel und vermengen alle miteinander.

4 Nun vermischen Sie noch das Paprikapulver und das Salz mit dem Gewürz und füllen es in ein gut verschließbares Gefäß.

Tipp: Diese Gewürzmischung erhält ihr einzigartiges Aroma dadurch, dass jedes Gewürz einzeln geröstet wird. In einem gut verschließbaren Behälter können Sie sie etwa 4 Wochen lagern.

ZAHTAR |

NORDAFRIKANISCHE GEWÜRZMISCHUNG

1 Port.

10 Min.

Leicht

Zutaten

2 EL Sumach
2 EL Limettenschale, getrocknet
2 EL Basilikum, getrocknet
2 EL Bohnenkraut, getrocknet
3 EL Majoran, getrocknet
3 EL Thymian, getrocknet
8 EL Sesamsaat
1 TL Salz

Nährwerte p. P.

57 kcal
3 g Kohlenhydrate
4 g Fett
2 g Eiweiß

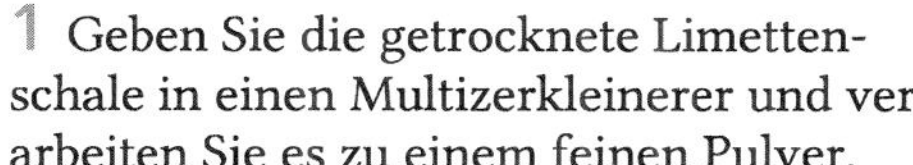

1 Geben Sie die getrocknete Limettenschale in einen Multizerkleinerer und verarbeiten Sie es zu einem feinen Pulver.

2 Nun vermischen Sie die Limettenschale mit den Kräutern, dem Sesam, dem Sumach und dem Salz. Füllen Sie die Gewürzmischung zur Aufbewahrung in ein gut verschließbares Gefäß.

Tipp: Diese Gewürzmischung wird in Nordafrika für Soßen, Fisch, Fleisch und Reis verwendet.

WAT |

AFRIKANISCHES EINTOPFGEWÜRZ

1 Port. 10 Min. Leicht

Zutaten

1 TL Pfefferkörner, schwarz
1 TL Langpfeffer
½ TL Muskatnuss
½ TL Kurkuma
½ TL Gewürznelken

Nährwerte p. P.

41 kcal
7 g Kohlenhydrate
1 g Fett
2 g Eiweiß

1 Füllen Sie den Langpfeffer, die Pfefferkörner und die Gewürznelken in einen Multizerkleinerer oder in einen Mörser. Zerkleinern Sie die Gewürze zu einem feinen Pulver.

2 Vermischen Sie die gemahlenen Gewürze mit der Muskatnuss und dem Kurkuma.

3 Bewahren Sie die Gewürzmischung in einem gut verschließbaren Glas auf.

Tipp: Diese Gewürzmischung wird vor allem für Eintöpfe verwendet.

SALZZITRONEN

10 Stk.

Mehrere Tage

Leicht

Zutaten

10 Zitronen
300 g Meersalz, grob
½ Tasse Olivenöl

Nährwerte p. Stk.

79 kcal
1 g Kohlenhydrate
8 g Fett
1 g Eiweiß

1 Waschen Sie die Zitronen gründlich ab. Legen Sie sie in eine große Schüssel und füllen Sie so viel Wasser auf, dass alle Zitronen bedeckt sind. Weichen Sie sie für 24 Stunden ein.

2 Dann schneiden Sie jede Zitrone der Länge nach mehrmals tief ein. Füllen Sie in jede Kerbe das Salz hinein. Nun legen Sie die Zitronen in ein entsprechend großes Einmachglas und drücken sie fest zusammen. Auch von oben drücken Sie die Zitronen fest herunter. Füllen Sie den Rest des Salzes dazu und stellen Sie das Glas verschlossen an einen kühlen Ort.

3 Nach einigen Tagen wird so viel Saft aus den Zitronen ausgetreten sein, dass die Früchte damit bedeckt sind. Schütteln Sie das Glas einmal kräftig durch und füllen Sie dann das Olivenöl dazu. Schütteln Sie das Glas abermals durch und stellen Sie es für etwa 4 Wochen verschlossen an einen dunklen, kühlen Ort.

4 Danach sind die Salzzitronen im Kühlschrank bis zu 12 Monate haltbar.

BAHARAT |

ARABISCHE GEWÜRZMISCHUNG

1 Schraubglas

15 Min.

Leicht

Zutaten

6 TL Paprikapulver, edelsüß
4 TL Kreuzkümmel
3 TL Pfefferkörner, schwarz
2 TL Zimt
2 TL Koriandersamen
2 TL Gewürznelken, gemahlen
2 TL Muskatnuss
1 TL Kardamom, gemahlen
½ TL Chilipulver

Nährwerte p. 100g

386 kcal
45 g Kohlenhydrate
15 g Fett
11 g Eiweiß

1 Erhitzen Sie eine Pfanne ohne Fettzugabe und rösten Sie nacheinander die Pfefferkörner, den Kreuzkümmel und den Koriander an.

2 Anschließend zermahlen Sie die gerösteten Gewürze mit einem Mörser. Vermischen Sie sie mit den übrigen Gewürzen und füllen Sie die Mischung in ein gut verschließbares Glas.

Tipp: Diese Gewürzmischung können Sie für Fleisch und Fisch verwenden. Außerdem eignet sie sich zum Würzen von Suppen und Soßen.

TABIL |

ALGERISCHE GEWÜRZMISCHUNG

1 Port. 15 Min. Leicht

Zutaten

2 EL Korianderkörner
2 Chilischoten
4 Knoblauchzehen
2 TL Kreuzkümmel

Nährwerte p. P.

135 kcal
15 g Kohlenhydrate
4 g Fett
5 g Eiweiß

1 Pellen Sie den Knoblauch und hacken Sie ihn in feine Stücke. Säubern Sie die Chilischoten und schneiden Sie diese ebenso in kleine Stücke.

2 Geben Sie den Knoblauch, die Chilischoten, den Kreuzkümmel und die Korianderkörner in einen Mörser und zerreiben Sie alles zu einer feinen Masse.

3 Heizen Sie den Backofen auf 50 °C mit Ober- und Unterhitze vor. Verteilen Sie die zerriebenen Gewürze auf ein mit Backpapier belegtes Blech und schieben Sie es auf die mittlere Schiene des Backofens. Backen Sie die Gewürze, bis sie ausreichend getrocknet sind.

4 Anschließend füllen Sie alle Zutaten wieder in den Mörser und zerstoßen sie zu einem feinen Pulver.

5 Zur Aufbewahrung geben Sie die Gewürzmischung in ein gut verschließbares Glas.